Gespräche mit Petrus

Fragmente – Erinnerungen und Reflexionen – eines langen Lebens, das nicht im Einklang mit der öffentlichen Meinung verlief und Fragen aufkommen lässt – als Anreiz, sich ebenfalls auf die Suche nach Antworten zu begeben. Es sei denn, man wäre zufrieden mit dem Strom an Informationen wie er alle Tage geboten wird.

Zur Beachtung: Trotz sorgfältiger Bearbeitung können für hochdeutsche Gemüter noch Spuren von Helvetismen enthalten sein.

Gespräche mit Petrus

Stunden der Wahrheit

Klaus Dietze

© 2024 Dietze, Klaus

Verlag: BoD · Books on Demand GmbH,
In de Tarpen 42, 22848 Norderstedt
Druck: Libri Plureos GmbH, Friedensallee 273,
22763 Hamburg

ISBN   978-3-7597-4402-9

Coverfoto: Fair Isle

In Memoriam. Wir sind wieder ein Jahr älter!

Für jeden hat es etwas gebracht, und für jeden etwas anderes. Für mich ist es ein Anlass, den Dimensionswechsel des Daseins ins Auge zu fassen, der nach altem Brauch ansteht und um den niemand herum kommt. Nach vorliegenden Berichten würde es der heilige Sankt Petrus sein, der für mich zuständig wäre, der mit dem langen weissen Bart und dem grossen Himmelsschlüssel, mit dem er das Himmelstor aufschliesst zum Paradies. Wenn er es denn auch tatsächlich tut!

Es hätte Fälle gegeben, wo er sich geweigert hat mit der Begründung, dass niemand in das Himmelreich kommt, der lügt. Für Lügen wäre kein Platz im Himmel!

„Aber Sankt Petrus", nahm ich mir vor, dann zu sagen, „ich lüge ja schon lange nicht mehr. Höchstens ab und zu eine kleine Notlüge, nichts schlimmes. Früher ja, da habe ich meiner Mutter das Rückgeld vom Einkaufen unterschlagen. Aber das hat sie rausgekriegt, weil sie besser war im Rechnen als ich. Hat mir weiss wie die Leviten gelesen."

Dass ich so einfach mit einem hohen hierarchischen Wesen kommunizieren wollte, würden böse Zungen natürlich als Symptom von Altersdemenz abwerten, die Neigung zu Selbstgesprächen, die etwa so ab 83 auftritt. Aber die Sache geht tiefer: Sankt Petrus wird seit alters her als das Geistwesen angesehen, das uns in Empfang nimmt, wenn wir die Dimension wechseln und dem wir Rechenschaft schuldig sind, was wir auf der Erde getrieben hatten. Mir war, als hörte ich seine Stimme: „Wie also war das mit dir gewesen. Am Anfang?"

„Ziemlich strub", sage ich dann, „wir hatten Krieg, Weltkrieg 2, ich wurde in den Keller getragen, weil die Bomben fielen, manchmal Nacht für Nacht."- „Ich weiss", sagte er, „ich habe aufgepasst. Ich war gwunderig, was aus dir noch einmal wird, deswegen."

Das war aber nett! Ich bin relativ glimpflich davongekommen, ausser dass ich noch jahrelang Alpträume hatte und einen Horror vor Sirenen. Andere waren weniger glücklich, sie lagen unter den Trümmern.

„Und wie ging es weiter?" fragte er. Das wusste er natürlich besser als ich, aber er wollte, dass ich mir das alles noch einmal vor

Augen hielt. Ich war viel krank als Kind, dann kam die Volksschule, dann die Penne – excüsi, sagte er, kannst du das mal übersetzen – also Gynasium, aber da wurde nur gepaukt, ich machte stattdessen lieber eine Lehre in der Stahlindustrie, wo das Motto galt: Eisen erzieht! Also bin ich entsprechend erzogen worden.

Wäre aber nicht besonders wichtig, berufliche Qualifikation und dergleichen, sagte er. Was zähle, ist die Charakterbildung. Hatte ich gelernt zu unterscheiden zwischen Wahrheit und Lüge? „Du weisst, anders lassen wir dich nicht ins Himmelreich. Und es ist ganz egal, ob du selber lügst oder die Lügen von den Medien nachbetest, die sie dir vorbeten? Lüge ist Lüge! Ist dir das nie aufgefallen? Da lügen sie wie gedruckt! Und die tückischsten Lügen sind die, die mit der Wahrheit vermischt sind. Sogar beim Wetterbericht lügen sie."

Das konnte ich bestätigen! Da meldeten sie „schön", dabei war der ganze Himmel voller Streifen. Und das sollte schön sein? Das Seltsame daran ist, sie werden gar nicht gesehen! Ich selber sehe sie seit mehr als zwanzig Jahren, aber die Menschen meiner Umgebung sehen sie nicht! Null! Vielleicht liegt der Fehler aber bei mir, ein Knick in der Optik oder Dysfunktionen im Gehirn, wie wenn Dinge gesehen werden, die nicht da sind wie weisse Mäuse.

„Was Zeitungen betrifft, Sankt Petrus", sagte
ich, „ ich lese gar keine! Ich tu damit nur den
Ofen anfeuern! Ich hole sie als Altpapier aus
einer Kneipe und pass auf, dass ich nicht rein-
schaue, was nicht immer einfach ist. Die Schlagzeilen sind so dick, dass sie ins Auge springen,
ob man will oder nicht. Aber ich glaub's nicht!
Und Fernseh habe ich eh keins."

„Und wer ist immer im Internet unterwegs?"
bekomme ich daraufhin zu hören.

Ja, nun, stimmt schon, zugegeben. Aber da
findet man wenigstens ab und zu einen Zipfel
der Wahrheit, auch wenn viel unnützer Kram
dabei ist – man muss halt lernen zu selektieren,
das Wahre vom Falschen zu trennen.

„Richtig!" sagte Petrus. „Und bevor wir nicht
überzeugt sind, dass du das auch hinkriegst,
lassen wir dich ins Himmelreich nicht rein!"

Noch war es ja nicht soweit mit dem Übertritt, aber das Szenario war durchaus realistisch.
Was hatte sich in all den Jahrzehnten nicht alles
angesammelt, was der Korrektur bedurfte. Tausend Lügen, Minimum. „Ja", sagte Petrus, „und
wir erwarten von dir, dass du mithilfst, sie zu
entwirren."

Ob ich zum Beispiel geschluckt hätte, dass

ein – vergleichsweise – bisschen Dünnblech-Flugzeug-Aluminium und ein bisschen Flugbenzin massive 400 Meter hohe Stahltürme nicht nur zum Einsturz brachte, sondern sie auch in Staub auflösen liess, den der Wind davonblies? Und dass es adhoc zu Flugkapitänen umgeschulte Ziegenhirten aus Afghanistan waren, die das taten?

„Dabei ist noch vergessen", sagte er, „dass sie die Entführung der Jets mit blossen Teppichmessern hingekriegt haben! Das war eine ziemliche Leistung! Hut ab!"

Es war uns so eingehämmert worden life von den Medien tage- und wochenlang im Halbstundentakt; zudem wurden Fachleute aufgeboten, die wissenschaftlich erklärten, dass es exakt so und nicht anders ablief. Allerdings gab es auch die schlimmen, die Querdenker und Störenfriede, Verschwörungstheoretiker, die argumentierten, dass ein anfliegendes Flugzeug bei solch einem Stahlturm nicht viel mehr ausrichtet als ein an die Wand geklatschtes Spiegelei, das einfach runterrutscht.

„Zusätzlich gibt es aber auch die Meinung", sagte St. Petrus, „dass die Türme gesprengt wurden. Pulverisiert mit einer Technologie, die ihnen der Gehörnte selber eingeblasen haben musste. Das ganze wurde dann als Pancake-

Theorie verkauft. Die Flugzeuge sind dabei künstlich generiert und eingefügt worden. Wie bei Werbespots."

Ja was denn nun? Welche Variante ist glaubhaft, wenn man kein eigenes Urteil dazu hatte, aber argwöhnte, dass noch ganz andere Teufeleien dabei im Spiel waren?

„Das hast du selber herauszufinden", liess sich St. Petrus vernehmen, „und gesunder Menschenverstand würde nicht schaden dabei. Üb noch ein bisschen, solange du Zeit hast. So lassen wir dich auf jeden Fall nicht rein!"

Er fügte noch hinzu: „Wenn ich dir einen Tip geben darf fürs Üben, dann such dir dazu nicht gerade das Brisanteste wie die aktuelle Tagespolitik. Da wird doch gelogen, dass sich die Balken biegen. Wenn du zu sehr Klartext redest, hast du ein Problem. Versuchs lieber zuerst mit der Vergangenheit, probehalber."

So langsam fing ich an, Petrus gern zu kriegen, seine fast schon kollegiale Art.

Die Vergangenheit! Das war für uns das Emmental. Eine liebliche Landschaft von Höggern und Chrachen (Tälern) mit entsprechenden Bewohnern. 30 Jahre lang hatte ich nur gewusst, dass dort der Käse mit den grossen Löchern zu Hause ist. Es war Theres, die, als wir aus

Afghanistan zurück kamen, vorschlug, dort etwas zu suchen. Hätte ich mir je träumen lassen, dass ich 40 Jahre meines Lebens da hängen bleiben würde?

Wir kamen damals von Sumiswald und fuhren Richtung Eggiwil. Vor dem Gasthof „Bären" stand ein junger Mensch von Polizeidiener in einer piekfeinen Uniform. Sehr misstrauisch registrierte er genau unseren vorbeifahrenden Untersatz mit dem seltsamen ausländischen Nummernschild, bis anhin unsere mobile Wohnung, nicht mehr die schönste, aber sehr praktisch.

Wundersamerweise fanden wir in eben diesem Eggiwil ein neues Domizil in einem alten, etwas verfallenen Bauernhaus, aber gerade recht für uns. Wenige Tage später stand die Polizei vor der Tür. Der uns schon bekannte Weibel begehrte Einlass: „Haben Sie Waffen, haben Sie Drogen?" Eine kleine Hausdurchsuchung also aus dem Stegreif bei verdächtigen Subjekten, einfach so. Könnten ja Terroristen sein. Da wir uns nicht als sehr kooperativ erwiesen, fand er nicht, was er suchte und ging wieder, mit einem drohenden Unterton in der Stimme.

Nicht lange und er setzte seine Drohung in die Tat um, indem er uns ein heftiges Strafmandat aufbrummte wegen irgendwelcher Lapalien an unserem Bus. Das tat weh! Zurück von unserer langen Reise waren wir finanziell abgebrannt und total am Anschlag und jetzt das! Und sein Blick liess befürchten, dass er sich die fremden Chaibe noch öfter vorknöpfen wollte.

Allerdings war es das letzte gewesen, was wir je von ihm sahen, weiterhin sind wir uns nie mehr begegnet.

Warum nicht, ist uns erst später zu Ohren gekommen, aber es war herzerfrischend. Seine spezielle Art hatte er auch bei anderen versucht zu praktizieren, nur waren das währschafte Emmentaler Buure-Gierle. Bis es genug war.

In einem ersten Morgengrauen passten sie ihn ab auf seinem Kontrollgang, steckten ihm einen Knebel in den Mund, transportierten ihn zu einem grossen Miststock und gruben ihn ein bis zum Hals. Geruchlich mochte ihm das nicht besonders behagt haben, aber wenigstens hatte er nicht kalt. Im Inneren eines Misthaufens ist es immer angenehm warm. Im Laufe des Tages bekam die Kantonspolizei eine Mitteilung, ob sie sich einen Kollegen da und da abholen wollte.

Soweit bekannt, gab es nie eine amtliche Untersuchung dazu. Man wusste, was das für ein Vogel war in den eigenen Reihen und einige Kollegen mochten dazu auf den Stockzähnen gegrinst haben. Der Mann wurde versetzt, weit weit weg, und es stand zu hoffen, dass er etwas dazu gelernt hatte. Obwohl also die erste Begegnung mit dem Emmental etwas sonderbar verlief, gestalteten sich die weiteren 40 Jahre durchaus annehmbar, so dass es für uns zu einer neuen Heimat wurde.

Im Laufe der Jahre bewegten wir uns vom oberen Emmental immer tiefer, Eggiwil, Lützelflüh, Rüeggsbach – ohne Theres, und dass sie uns hatte verlassen müssen, war einem ganzen Berg an Lügen geschuldet, aber das ist eine andere Geschichte – bis wir in Burgdorf ankamen, am unteren Ende des Heimiswiler Chrachens. Direkt vor der Haustür war die Postauto-Haltestelle, von der aus der Bus das Tal hochfuhr, bis er am höchsten Punkt ankam, auf der Lueg.

Es war eine schöne Wanderung von dort auf einem Grat zurück, immer mit dem phänomenalen Blick auf die Kette der Berner Alpen, bis man sich endlich abwärts durch den dichten Wald zu schlagen hatte zurück, den umwerfenden Ausblick von der Lueg immer noch vor dem inneren Auge.

Bei schönem Wetter war es dort ein Anziehungspunkt ersten Ranges für die ganze Region, mit ausgedehnten Möglichkeiten zum Picknicken und Brätle. Dabei konnte die Aussicht genossen werden oder der Blick richtete sich auf die Mitte des Platzes. Dort stand etwas.

Es war eine Art Turm, nicht besonders hoch, doch dafür umso breiter, mit viel Platz auf den sechs Aussenflächen, auf denen eine Unzahl an Namen verewigt war; vor hundert Jahren gestiftet und in Auftrag gegeben von den „Bernischen Kavalleristen". Für die, die sich in Geschichte nicht recht auskennen: Die Kavallerie war eine schlagkräftige und gefürchtete Sturmtruppe im Krieg, tapfere Männer auf tapferen Rössern, nur, im Zeitalter der Überschallraketen, schon etwas altmodisch. Und all die vielen Namen auf den Aussenflächen waren die Namen derer, die im ersten Weltkrieg im selbstlosen Dienst Blut und Leben geopfert hatten für ihr Vaterland.

Aber Halt – excüssi – momentmal – Blut? Wenn die Geschichtsbücher stimmen, dann ist im 1.Weltkrieg kein einziger Schuss auf Schweizer Boden, friedliebende Nation, die sie war, gefallen. Woher dann das viele Blut?

Ausserdem war anhand der Todesdaten der

Vaterlandsverteidiger der Krieg schon vorbei. Also Blut anscheinend doch nicht, aber Leben schon! Wie erklärte sich das?

Es war die sogenannte Spanische Grippe, die furchtbar gewütet hatte. Nur ist sie im Gedächtnis der Menschen nicht mehr recht enthalten, zumindest nicht bei denen, mit denen ich selber sprechen konnte. Aber die waren einfach zu jung, auch wenn sie schon uralt waren zum Teil. Ich habe gerne Berichte aus erster Hand, ohne auf Wikipedia zurückgreifen zu müssen, aber in diesem Fall war nichts mehr zu machen, in der Schweiz jedenfalls nicht.

In Deutschland schon eher, bei meiner weitläufigen Verwandtschaft, die jetzt zwar auch nicht mehr lebt, aber deren Erzählungen mir in Erinnerung sind, weil ich als Kind sehr wissbegierig war und meine Leute gelöchert hatte mit Fragen nach früher. Sie erzählten von Not und Mangel gegen Ende des 1.Weltkrieges, von Hunger und nichts mehr zu essen, von vielen Hungergerippen, denen man das Vater-Unser durch die Rippen blasen konnte. Mein Vater war damals acht Jahre alt und erinnerte sich, wie er in einem Laden – wenn es sonst schon nichts anderes gab – aus einem Fass mit eingepökelten Heringen einen Fischschwanz entwendete. Verboten, aber was tun, wenn man

Hunger hatte?

Revolution und Bürgerkrieg machten danach
alles noch viel schlimmer, später die Geldent-
wertung, wo man für eine lächerliche Milliarde
deutscher Reichsmark nicht mal ein Brot kaufen
konnte – strube Zeiten also, in denen die ent-
kräfteten Menschen eigentlich wie die Fliegen
hätten sterben sollen, es aber nicht taten, sondern sich immer wieder aufrappelten. Doch
kein Wort von einer ominösen Grippe, obwohl
Wikipedia hohe Opferzahlen meldet. Wem zum
Kuckuck sollte man glauben? Hatte das in anderen Landesteilen stattgefunden, bei Spezial-
Behandlungen?

Schaute man genauer, fiel auf, dass es damals ein sehr wählerisches Virus gewesen sein
musste, das sich nicht mit beliebigem Fussvolk
abgab, sondern mit den besten und kräftigsten,
also wohlgenährtesten, nämlich den Bernischen
Kavalleristen, (Schlagzeile in der damaligen
Presse: Massensterben bei der Armee), sonst
hätte man ihnen ja kein Denkmal bauen müssen. Und schaut man noch weiter, war es
überall so. Die Schätzungen bewegen sich
weltweit zwischen 20 und 100 Millionen Toten,
vorzugsweise die, denen man die meiste Wider-
standskraft zugetraut hätte, den wackeren
Männern, die beim Militär die Heimat ver-

teidigten. Historische Fotographien existierten von riesigen Krankensälen mit ihrer bemitleidenswerten Belegschaft, die schon in kürzester Zeit verblichen war, um neuen Opfern Platz zu machen. Gleiche Meldungen kamen aus Amerika, wo in den riesigen Ausbildungslagern der Armee schlagartige Krankheitsausbrüche verzeichnet wurden, von denen die frischen Rekruten dahingerafft wurden wie Schnee an der Frühlingssonne. So weit, so schlecht.

Solche Informationen sind bekannt aus dem Internet. Was nicht zu finden ist, ist das Warum. Normal war das ja nicht mehr. Die einzige Antwort, die geboten wurde: Die haben sich halt angesteckt! Fürchterlich ansteckend das Ganze, alle rannten in Schutzanzügen und Masken herum. Haben aber scheinbar nicht viel genützt damals. Kommt einem das nicht irgendwie bekannt vor?

„Interessant!", sagte Petrus, „erzähl weiter!"

Was alles gelaufen war, wäre schwer zu finden, musste ich gestehen. Ist alles gelöscht worden, ausser dass es noch einiges gibt im Buchhandel.

„Du kannst aber nicht mittendrin aufhören! Es ist bekannt, dass ganze Löschtrupps unterwegs sind im Internet, deshalb muss du das aus dem Gedächtnis bringen. Die Aussagen werden schon zueinander passen. Mach weiter!"

„Und wenn ich was falsches melde?"

„Irren ist menschlich, solange es nicht aus bösem Willen geschieht. Erzähl!"

Suchmaschinen liefern zwar hunderte von Beiträgen zum Thema, aber alle gleichen sich wie ein Ei dem anderen. Zumindest hätte man doch einen Hinweis erwartet auf den damals grassierenden Impf-Wahnsinn. Alle greifbaren Menschen wurden mit den absurdesten Substanzen und Giften gespritzt und in erster Linie war es das an strammen Gehorsam gewöhnte Militär, das still halten musste. Mit dem Resultat, dass sie dort krank wurden von einer Stunde auf die andere. Gebiete ohne eigene Impfindustrie wurden grosszügig beliefert mit milliardenfach übrigbleibenden Impfdosen aus Beständen gewisser Länder gegen Ende des 1. Weltkrieges.

Als ein kleines Nebenbei: Um die Frage nach der fürchterlichen Ansteckungsgefahr zu klären, wurden Gefängnisinsassen rekrutiert, denen die Freilassung versprochen wurde, würden sie wider Erwarten den engen Kontakt mit den Opfern überleben. Sie mussten sich zu den Sterbenden in die Betten legen und sich anhusten und bepinseln lassen mit ihren ekelhaften Ausscheidungen. Kein einziger infizierte sich und wurde krank.

Auch gab es Menschen, die aus religiösen Gründen Impfungen ablehnten und es schafften, sich allen Zwangsmassnahmen zu entziehen. Niemand von ihnen erkrankte. Berichten zufolge waren sie es, die in einer Welt, in der die Menschen starben wie Ungeziefer, überlebten und nicht nur das, sondern Hilfe leisteten. Die Mitteilungen von damals endeten mit dem „grossen Schweigen der Ärzte nach der Katastrophe." Kein Mensch später und keine medizinische Koryphäe hatte irgend etwas dazu zu sagen. Heute, 100 Jahre später, leben wir glücklicherweise in besseren Zeiten.

Oder, etwa doch nicht? Ich hatte jemanden gekannt, der von einer Impfung nach Hause kam und tot umfiel. Aber das hat nichts zu sagen, war sicher nur ein dummer Zufall.

„Lassen wir das", sagte Petrus, „sonst kommen vielleicht noch peinliche Sachen zum Vorschein, wie die gewaltigen Werbekampagnen in neuerer Zeit für gewisse Spritzen."

2   Bei dem Versuch, mit Menschen, von denen ich dachte, sie würden mir nahestehen, über heikle Themen zu reden, bin ich manchmal böse aufgelaufen. Die Unterredung endete, bevor sie richtig angefangen hatte, im Extremfall mit lautstarken Verbalattacken gegen meine unerhörten Wahrheitsverdrehungen. Man hatte seine eigene Meinung und da war nicht mehr zu ändern, weil das so im Fernseh kam. Dabei waren es Menschen gewesen, mit denen mich manchmal eine jahrzehntelange Bekanntschaft verbunden hatte.

„Was richtest du eigentlich an mit deinem Wahrheitspostulat?", konnte ich nicht unterlassen, mich bei Sankt Petrus zu beschweren, „man vereinsamt dabei vollständig. Niemand will mehr mit einem was zu tun haben!"

„Ja!", meinte er, „so ist das nun mal. Was meinst du, was wir hier im Himmel nicht schon für Malesse gehabt haben mit einer aufsässigen Menschheit. Einmal ist es so schlimm gewesen, dass nichts blieb, als sie alle zusammen zu ersäufen. Du erinnerst dich, die Sintflut?"

Ich erinnerte mich. Noah, der Gerechte, war der einzige, der davonkam in seiner schwimmenden Arche mit Frau und Kind. Aber die Nachkommen haben nichts gelernt aus der Geschichte. Gibt es jetzt eine neue Sintflut?

„Nein", sagte Petrus, „es gibt immerhin schon genug, die es besser machen wollen. Aber es wird trotzdem strube Zeiten geben. Es braucht einfach noch mehr Menschen, die aufwachen."

Das war immerhin ein Hoffnungsschimmer, denn ich liebte die Erde, meine irdische Heimat, auf der ich lebte, um mich zu bewähren.

„Auch gut.", sagte er, „Soll gelten! Wenn wir die Türme dazurechnen, hast du jetzt schon 2 von den 1000 Lügen angefangen aufzudröseln. Bleiben noch 998. Wobei es in Wirklichkeit noch viel, viel mehr sind, aber bleiben wir der Einfachheit halber bei 998."

„Hilfe, nein, lieber heiliger Petrus! Das schaffe ich nie, da würde ich in 100 Jahren nicht mit fertig. Solange lebe ich ja nicht mehr!", konnte ich nur ausrufen.

„Versprechen kann ich natürlich nichts", sagte Petrus. „aber ich will schauen, ob ich für Menschen wie dich ein gutes Wort einlege, damit ihr uns noch eine Weile erhalten bleibt, um eure Hausaufgaben zu machen! Irgend jemand muss dahinter, sonst verpesten die Lügen noch den ganzen Himmel! Und damit wir uns klar verstehen: Es müssen Menschen sein, die menschengemachte Lügen aufarbeiten. Sonst könnte man euch gleich abschaffen als unnütze Zeitgenossen, denen es zu mühsam ist, sich selber um die Wahrheit zu kümmern."

„Aber warum gerade ich?", maulte ich, „es gibt noch so viele andere! Ausserdem soll jeder Mensch bei euch im Himmel zuerst sein eigenes Leben anschauen im Rückblick, wenn er in eure Sphäre eintritt und da hatte ich mit all den Lügen überhaupt nichts zu tun."

„Für uns sind alle Menschen Brüder. Oder auch Schwestern. Jeder, der nur sein eigenes Süppchen kochen will, ist bei uns falsch. Sonst wäre die Welt schon längst am Ende. Je nach seinen Fähigkeiten, muss jeder mithelfen."

Das waren klare Worte, auch wenn ich ganz trübsinnig wurde bei all dem lgbt-irgendwas-Schwachsinn, mit dem sie Mann und Frau abschaffen und die Schöpfung Gottes aushebeln wollen. „Schaffen sie aber nicht. Punkt!" ‚war sein Kommentar dazu.

„Aber gehen wir der Reihe nach! ", sagte er. „Statt dieser unerquicklichen Dinge, wäre für dich, wenn du zu uns kommst, einewäg zuerst der Lebensrückblick dran. An den Frühling des Lebens, wenn alles wie frisch gewaschen ist und die Sonne scheint, hat man gemeinhin erfreuliche Erinnerungen. Das dunkle und hässliche kommt dann von alleine."

„Ja", sagte ich, „als ich jung war, war jeder Tag aufregend, wenn man nicht gerade im Hamsterrad der Routine steckte, morgens um sieben bis abends fünf."

„Aber andere müssen das doch auch", gab
Petrus zu bedenken.

„Wir wollten aber das richtige Leben!"

„Also erzähl, wie richtiges Leben so geht!"

Wir lebten damals am Rhein, Duisburg. All die
vielen Schiffe, die an uns vorbeifuhren! Wir
wollten mit! Ich hatte mein eigenes Schiff, na ja,
Boot, Faltboot, andernorts ausgemustert, weil
die Gummihaut Löcher hatte. War das Schiff
mit Flicken und Zukleben seetüchtig genug, sah
man mich jede freie Minute auf dem Wasser.
Und nicht nur mich, wir waren eine ganze
Gruppe, angefressen von der Paddelei.

„War das nicht gefährlich bei all dem Schiffsverkehr?"

Man müsse halt aufpassen, sagte ich, wenn
man selber es ist, der bei Kollisionen den Kür-
zeren zieht.

„Aber auch aufpassen will gelernt sein, oder
nicht?!", sagte St. Petrus, „Ich erinnere mich da
an ein spezielles Vorkommnis. Du doch auch,
nehme ich an?" Mir lief ein kalter Schauer den
Rücken herunter, als er das sagte. Er wollte
damit andeuten, dass wir damals etwas miteinander zu tun gehabt hatten.

„Richtig", sagte er, „dass ich einen langen
weissen Bart habe, ist nur eine Verkleidung.

Sonst bin ich ein Schutzengel, so wie zahllose meiner Kollegen auch. Und ich war neben dir in der Sekunde, die entschied über Sein und Nichtsein, war es nicht so?"

Ich hatte damals den Kurs eines vorbei fahrenden Schiffes unmittelbar hinter ihm gekreuzt und nicht gesehen, dass es noch ein zweites im Schlepp hatte. Plötzlich tauchte eine Stahltrosse direkt neben mir auf. Eine alte Trosse, deren Stahldrähte, aus denen sie bestand, an vielen Stellen gebrochen und aufgebogen waren, wie eine wahrhaftige Sägekette. Weil in schneller Fahrt, hätte sie mein Boot in Sekundenschnelle durchgesägt und mich gleich mit. Wem war es zu verdanken, dass ich dem Gefahrenbereich im letzten Moment entkam?

„Wem wohl", sagte Petrus. „Aber wir sind nicht beauftragt, rund um die Uhr aufzupassen. Zwei deiner Vereinskollegen waren weniger glücklich."

Sie waren spät in der Nacht auf der Fahrt nach Hause gewesen, in einem Zweier mitten auf dem Strom. Es gab schon Schiffe, die nachts mit Radar fuhren. Das zertrümmerte Boot wurde am nächste Tag gefunden, die beiden Insassen ein paar Tage später.

„Hat euch das nicht zu denken gegeben?", fragte St.Petrus.

„Wir lebten damals in der Stimmung 'drauf-los und mittendurch'. Das Nachdenken kam erst viel später, ein gruseliges Gefühl im Nacken, so wie jetzt bei der Erinnerung, wie mitten im friedlichen Treiben auf dem nächt-lichen Strom ein dunkler Schiffsbug vor ihnen aufwuchs, eine phosphoreszierende Bugwelle, und mit jeder Sekunde die Zeit enger wurde auszuweichen – oder die Paddel waren nicht schnell genug zur Hand – bis es zu spät war.

Das hielt uns aber nicht ab von unseren Plänen. Als ich meine Lehre beendet hatte, wollte ich auf grosse Fahrt mit einem Kollegen, Bruder im Geiste, Paddelbruder. Als ich meine Stelle kündigte, redete mir mein Chef ins Gewissen, dass Fehlzeiten zu Einbussen bei der Rente mit 65 führen würden.

Mit 65! Ich war 18! Junges Volk war schon immer unbelehrbar. Unser Plan war, mit unse-ren Booten ganz allein auf dem Wasserweg ins Mittelmeer zu fahren. Den Rhein hoch und wei-ter über den Rhein-Rhone-Kanal und die fran-zösischen Flüsse hinunter bis zu Rhonemün-dung und weiter.

„Alle Achtung", sagte Petrus. „Zuerst strom-auf paddeln bis nach Basel, wieviel Kilometer, 800?" - „Nicht doch!", erklärte ich. Wir finden einen Kapitän, der uns mitnimmt. Das klappt, hatten wir schon öfter gemacht!"

Es klappte tatsächlich, wir wurden mitgenommen den Rhein hinauf und durften unser Zelt an Deck eines Frachtschiffes aufstellen. In Rüdesheim, Weinbaugebiet, hatte ich meinen ersten deftigen Rausch. Die Mannschaft war an Land gegangen, wir mit, und hinterher konnten sie schauen, wie sie mich wieder an Bord kriegten. Ich kannte mich halt noch nicht aus mit den Tücken des jungen Weins.

Hinter Strassbourg gab der Kapitän zu bedenken, dass unsere Vorstellungen vom Rhein-Rhone-Kanal ziemlich blauäugig waren. Da gab es die Schiffshebewerke des Rhein-Seitenkanals für die schweren Frachter, bei denen Kleinzeug wie Paddelboote nichts zu suchen hatte. Aber er wusste Rat. Waren wir erst mit ihm auf dem Rhein-Seitenkanal, kannte er die Stelle, wo die beiden Kanäle im engen Abstand zueinander verliefen, in der Nähe von Mulhouse. Er würde uns von Bord lassen und alles Gute wünschen. Nach einem kleinen Fussmarsch, mit den Booten huckepack, könne die grosse Reise starten.

Tat sie auch, aber nur um an jeder Schleuse, die wir antrafen auf dem neuen Kanal, eben dem Rhein-Rhone-Kanal, schon wieder zu Ende zu sein. Die Schleusenwärter fanden unser Anliegen zwar sympathisch, aber hatten ihre Anweisungen: Passagen nur für den offiziellen Schiffsverkehr! Bis der Kanal einmündete in die französischen Flüsse, dem „Doubs" als ersten, war ein Höhenzug in der Landschaft zu überwinden, mit Dutzenden von Staustufen und jedesmal die entsprechende Schleuse zu umtragen durch unwegsame Brennnesselwildnis und stechiges Brommbeergestrüpp. Wir machten schlapp alleine schon vom Zuhören all der Widerwärtigkeiten. Gespräche endeten regelmässig mit dem Rat, wir sollten im Schifffahrtsamt in Mulhouse vorsprechen, vielleicht dass sie da keine Unmenschen waren.

Also vertauschten wir die Paddel mit einem Stadtbus. Als aufgeklärte Jungbürger glaubten wir schon lange nicht mehr an den Weihnachtsmann und erst recht nicht an Engel, aber an diesem Tag waren wir da nicht mehr sicher. Als wir uns durch das Grossstadt-Gewühl von Mulhouse durchgefunden hatten und im Schifffahrtsamt unser Anliegen vorbrachten, trafen wir nicht auf die von zuhause gewohnte Beamtengrummelei, sondern auf einen Engel in Gestalt einer jungen sympathischen Frau.

Ob sie die Chefin vom Schifffahrtsamt war,

blieb offen, aber sie liess sich anstecken von unserer Begeisterung. Vielleicht wäre sie selber auch gerne auf grosse Fahrt gegangen. Vom Alter her hätte sie zu uns gepasst, nicht ganz vielleicht, aber fast, ein bisschen jedenfalls. Doch sie war ein verkleideter Engel und wir nur simple Wasserratten. Ausserdem sprach sie fehlerfrei deutsch; das Elsass mit Mulhouse als einem seiner Hauptorte, hatte eine lange Tradition im Wechseln der staatlichen Zugehörigkeit. Und sie hatte die Kompetenz, uns ein hochoffizielles Dokument auszustellen, das unsere Paddelboote auf das Niveau erhob von richtigen Schiffen: Ein „Carnet de Passage", das berechtigte zur freien Durchfahrt und Benutzung der Schleusen von Mulhouse bis Port-St-Louis an der Rhonemündung ins Mittelmeer. Whau!! Wo gab es solch ein Entgegenkommen sonst in nüchternen Amtsstuben?

Doch sie hatte noch einen Tipp für die Reise: Wir könnten uns grosse Mühe ersparen, sagte sie, wenn wir für die Umgehung der vielen Staustufen des Höhenzuges, den der Kanal zu überwinden hatte, die Bahn nähmen. Für die nächsten 50 km bis Monbeliard also das SNCF. Dort angekommen, später, mussten wir mit unseren Faltbooten über einen Kirmesplatz mit Achterbahn und Autoscooter; dann, aufgebaut, waren wir auf dem Wasser des Doubs – auf grosser Fahrt bis zur Rhone und der Camargue.

„Und das war das Jahr 1960, bin ich da richtig?", meldete sich St.Petrus. „Dann waren es ja gerade einmal 15 Jahre nach einem verheerenden Krieg, bei dem sich die Völker gegenseitig massakriert hatten, millionenfach. Gerade Deutsche und Franzosen, besonders im 1. Weltkrieg. Warum?"

Das hätte ich auch gerne gewusst. Hätte ich je irgendeinen Grund gehabt, Franzosen bis aufs Blut zu hassen? Oder sie mich? „Wie immer," sagte Petrus, „ wird es wohl so gewesen sein, dass geheime Mächte dahinter standen, die die Fäden ziehen und die Völker aufeinander hetzen, aber nie selber ans Licht des Tages kommen. Dafür hatten sie – auf beiden Seiten – ihre Leute, die die Sache anheizten, nicht zuletzt in den Redaktionsstuben der Zeitungen."

Das konnte ich bestätigen; aus dem 1. Weltkrieg waren mir als einem wissbegierigen Knirps noch Druckerzeugnisse in die Finger geraten: „Jeder Schuss ein Russ!", verbreiteten sie ihre Galle, „jeder Tritt ein Britt, jeder Stoss ein Franzos!" So sah ihr „Beitrag" zur Völker-Verständigung aus. Wobei mit Stoss gemeint war der mit dem Bajonett, das man den Mitmenschen quer durch den Leib zu rammen

hatte im Schützengraben.
Doch die Schreiberlinge waren auch nur
kleine Leuchten, die ihren Job taten. Befohlen
wurde das alles in höheren Etagen. „Wobei
sich", sagte Petrus, „hundert Jahre danach
scheinbar noch nicht viel geändert hat, nur
dass sich die Aktivitäten gegen Osten verlagert
haben und die Mordwerkzeuge etwas moder-
ner sind. Aber damals, wie war das für euch
gewesen? Nach all dem könnte man meinen,
dass sie euch in Frankreich noch immer an die
Gurgel wollten."
„Aber nein! Wo denkst du hin, St. Petrus,"
sagte ich, „nicht ein einziges Mal sind wir ange-
feindet worden. Alle waren hilfsbereit und
freundlich. Wenn überhaupt jemals der Krieg
angesprochen wurde, dann als ein grosses Unglück. Wie hatte es überhaupt dahin kommen
können?"

3   Als unsere Reise anfing, waren das Über-
legungen, die uns nicht sonderlich anfochten.
Wir waren in diesem schönen Frankreich und
genossen unser Dasein. Zwar bekam auch ich
die Gelegenheit, das Leben von einer ungemüt-
lichen Seite kennenzulernen, aber davon später.
Mit schmalem Budget, das langen musste für
die unbegrenzte Zeit, die wir hatten, lebten wir

von Spaghetti, garniert mit Grünzeug, das auf den Märkten zu finden war, von Baguette und Fromage. Und was wäre es für ein Leben gewesen, wenn wir nicht an jeder Uferpromenade der kleinen Ortschaften am Fluss gemütlich in einem Bistro für ein paar Cent einen Rouge hätten trinken können. Durchaus moderat jedoch, denn meine Erfahrungen hatte ich schon vorher gemacht.

Wir hangelten uns durch Gespräche mit abenteuerlichen Redewendungen, die wir uns aus Wörterbüchern zusammensuchten, erzählten jedermann, dass wir en route wären zum Mittelmeer und stiessen auf pure Sympathie – Wandervögel, die wir waren und jederzeit wieder in unsere Boote stiegen auf dem Weg zu neuen Ufern. Doch wir hatten es nicht eilig, an manchen Tagen paddelten wir keine zehn Kilometer und an anderen überhaupt keine, und am Abend suchten wir ein lauschiges Plätzchen, um unser kleines Zelt aufzustellen.

An solchen Orten kam es vor, dass wir Besuch bekamen von jungem Volk in unserem Alter, die alles mögliche wissen wollten, und wir bedauerten, dass wir uns nicht richtig um Sprachkenntnisse bemüht hatten. Englisch kannte man etwas von der Schule her, aber französisch war eine fremde Sprache geblieben.

Warum hatten wir uns nicht dahinter geklemmt? Es wäre eine Kultur gewesen, in der wir uns wohlgefühlt hätten.

Der Fluss, der Doubs, war unsere Herausforderung. Als Teilstück des Rhein-Rhone-Kanals war er schiffbar durch zahlreiche Staustufen und Schleusen, die für die Erhaltung der nötigen Wassermenge sorgten. Jede Staustufe bestand aus einem Stauwehr, über das der Fluss sein Wasser strömen liess, und parallel dazu die Becken der Schleusen, die geöffnet oder entleert wurden, um die Schiffe auf das jeweilige Niveau zu heben oder abzusenken, im Schnitt etwa 3 bis 5 Meter Höhenunterschied.

Mit unserem Carnet de Passage hätten wir bequem die Schleusen benutzen dürfen, was wir aber nur in Ausnahmefällen taten. Viel mehr juckte es uns, uns über die Wasserfälle der Wehre hinabzustürzen, mit dem kribbeligen Gefühl im Magen, ob wir auch heil unten ankämen. Wären die Wehre als Steilwehre gebaut gewesen, hätten sie tödlich sein können durch entstehende Wasserwalzen, aus denen man bei einer Kenterung eventuell nicht mehr entkam. Aber es waren Schrägwehre, die ihr Wasser in die Tiefe rauschen liessen und bei denen es schwimmend weiter gegangen wäre, hätten sie uns umgeworfen.

Manchmal befand sich eine Strasse oder Promenade dort und Leute blieben stehen, um sich die Show anzuschauen. Wir fuhren nicht drauflos, sondern stiegen vorher aus, die Lage zu erkunden. Dann diskutierten wir wichtig und fachmännisch, wie der Stromzug verlief, wie zu fahren war, um sicher durchzukommen, und ob sich unten Felsen befanden oder sonstige Hindernisse. Wir starteten die Aktion jeweils einzeln, bereit einander zu helfen, sollte etwas schief gehen. Danach zerstreuten sich die Zuschauer.

Ausser einmal. Aus lauter Nostalgie hatten wir eine Gitarre dabei, ein Billig-Instrument und mehr als ein paar Griffe beherrschte eh keiner von uns. Da das Gerät nirgends in ein Boot passte, war es in einem Gummisack auf mein Hinterschiff geschnallt mit einem Riemen. Eine ganze Weile ging es gut.

Einmal aber, beim Befahren eines Wehrs, gab es einen Ruck und ich hing wie angenagelt in der stürzenden Flut. Als es dann weiterging, war es, um umzukippen und ein Vollbad zu nehmen. Beim Zurückschauen war unsere schöne Gitarre zu sehen, wie sie oben in den Wassermassen hing. In der Wehrkrone musste ein Nagel gewesen sein. Aber Glück im Unglück:

Es war nicht die Bootshaut, die von vorne bis hinten aufgeschlitzt war, sondern nur der Riemen vom Gitarrensack war hängengeblieben. Da ich eh schon nass war, schwamm ich zurück, versuchte mich an Vorsprüngen festzuhalten und zum Wehr hoch zu hangeln. Ich rettete so das Gerät, musste aber hinterher feststellen, dass es nur noch aufgeweichte Trümmer waren, die sich in dem Sack befanden. Immerhin waren die Zuschauer diesmal voll auf ihre Kosten gekommen.

Die Umgebung am Doubs war ein weites Tal, wie eingeschnitten in eine Hochebene. Als wir uns der Saone näherten, in die der Doubs mündete, änderte sich auch die Landschaft. Sie wurde weitläufig und die Gewässer flossen gemächlich dahin. Es war die geschichtsträchtige Gegend des alten Burgund. Wenn wir bis jetzt unsere Reise locker genommen hatten, wurde es noch gemächlicher. Uns trieb ja niemand.

Wir zogen unsere Boote ans Ufer und schauten den Anglern zu, Meister ihres Faches, die zünftige Exemplare von Fischen aus dem Wasser zogen, einen nach dem anderen. Beneidenswert, hatten wir selber uns doch auch in der Kunst versucht; doch es waren meist nicht mehr als magere Gräten gewesen, die sich in unserer Bratpfanne sehr verloren vorkamen.

Wir flanierten auf den Promenaden der gemütlichen kleinen Städte, wie alles Volk auch und staunten die Kirchen und Kathedralen an, die sie dort hatten. Aufgewachsen in einer Sphäre des Unglaubens, wehte uns ein Hauch uralter religiöser Kultur an, für uns gleichzeitig fremd und faszinierend.

Ohne dass wir im Sinn hatten, fromm zu werden, begaben wir uns in der Hitze des Tages in das kühle Innere der Kirchenschiffe, liessen die Atmosphäre auf uns wirken und sassen unter Heiligenbildern. Hier und dort knieten Gläubige in den Bänken und verrichten still ihre Andacht. Was wären wir für Menschen geworden, wenn wir ebenfalls so aufgewachsen wären?

„Aber ihr Heidenkinder", liess sich St.Petrus wieder einmal vernehmen, „ihr hättet ja nicht einmal gewusst, wie man sich richtig bekreuzigt. Und dass man heilige Orte nicht mit profanen Gedanken betritt!"

Für die Nächte suchten wir nach einer passenden Sandbank im Fluss, und weil die Temperaturen angenehm blieben, schenkten wir es uns, unser Zelt aufzubauen.

Beim Erzählen könnte der Eindruck entstehen, dass wir jederzeit ein Herz und eine Seele waren. Stimmte auch. Wir schauten gemeinsam voraus, unserem grossen Abenteuer entgegen. Noch bestanden keine anderen Bande, uns davon abzulenken. Bei mir jedenfalls nicht. Jeder Tag sah aus wie frisch gewaschen und makellos.

Doch manchmal gab es auch Flecken in der Wäsche, Zwischentöne sozusagen in der allgemeinen Harmonie. Einmal waren die Vorräte ausgegangen, weil wir verpasst hatten, sie zu ergänzen. Bei mir befand sich noch ein Packung Spaghetti und bei meinem Paddelkollegen nicht. Er hatte Hunger, aber ich wollte sie noch aufsparen. Normalerweise teilten wir alles brüderlich, aber an dem Abend sagte ich Nein. Worauf er sagte: „Du verdammter Geizkragen!"

Die Sache ging mir nach in der Nacht. War ich tatsächlich ein Geizkragen? Oder waren das noch Verhaltensmuster aus der Nachkriegszeit, wo in Mangel, Hunger und Not meine Mutter mich Sparsamkeit gelehrt hatte? Allerdings waren die Zeiten schon lange besser, und so kam ich zu dem Schluss, dass es nicht lohnte, deswegen eine Kameradschaft aufs Spiel zu setzen. Am nächsten Morgen wollte ich meine Freundschaft mit dem letzten Rest Spaghetti bekräftigen und mich ein andermal ein bisschen eher um ausgegangene Vorräte mit kümmern.

Bei schönem Wetter, und das Wetter war immer schön, machten wir uns manchmal auf, die Umgebung zu Fuss zu erkunden. Einmal war es ein Hügel, eine Erhöhung in der Landschaft, die uns reizte, von dort aus einen weiten Blick in die Gegend zu tun. Als wir ankamen, war es eine Gedenkstätte. Auf der obersten Höhe thronte ein Gerät, das zwar schon lange nicht mehr in Gebrauch war, aber Spuren einer lebhaften Vergangenheit aufwies.

Es bestand aus aus zwei grossen Wagenrädern und einem dicken Rohr, das mit einer Kurbel in der Höhe verstellbar war sowie sich auch seitlich schwenken liess. Eine ganz einfache Vorrichtung also, und ach ja, es gehörte noch eine Art Schutzschild dazu, eine grosse Platte aus Eisen, etwa zwei Zentimeter dick, so dass es sicher nicht einfach gewesen sein mochte, das Ding im Bedarfsfall zu bewegen.

Das Bemerkenswerte an dem Instrument waren mehrere faustgrosse Löcher, während an einer Seite das Material zu einem futuristischen Gebilde ausgefranst war. Wohlgemerkt, es handelte sich dabei um dickes Eisen. Man konnte darüber spekulieren, wie der Vorgang der Beschädigung stattgefunden hatte, aber es wäre sicher ratsam gewesen, ein bisschen zur Seite zu treten, wollte man nicht ebenfalls Schaden genommen haben. Frage war nur, ob dann Zeit und Gelegenheit dazu gewesen war. Ansonsten bot die Gegend einen durchaus friedlichen Eindruck in einer lieblichen Umgebung. Es war nicht, wie es an anderen Orten wohl sein musste, Stichwort Verdun oder Somme, wo eher eine Art Monotonie vorherrschend war, indem der Blick über endlose Ansammlungen von Kreuzen ging, dicht an dicht, hunderttausende, bis an den Horizont. „Dieser Wahnsinn!", sagte Petrus. „Warum konnten Menschen nicht einfach sagen Nein! Nie wieder!" Hatten sie auch, hinterher, aber das ist lange vergessen. Der Wahnsinn geht heute aufs neue los, nur (noch) nicht in den eigenen Ländern. Und an vorderster Front mit dabei die Medien. Frieden? – nie gehört ...

Man hat eigentlich nur wenig zu berichten von Zeiten, die ruhig und unbeschwert verlaufen. Jeden Morgen ging die Sonne auf, die Vögel zwitscherten und der Fluss gluckerte leise vor sich hin. Es gab kaum Staustufen und Schiffe waren nur wenige noch zu sehen. Wir nahmen ein Bad, schwammen ausgiebig im Fluss und legten uns in die Sonne. Dann schlenderten wir zu den Anglern, taten einen Schwatz und schauten, was sie alles aus dem Wasser gezogen hatten. Einmal landete ein Fischer mit seinem Boot einen armdicken grünen Aal an, den er mit einer Reuse gefangen hatte. Der Aal drehte und wendete sich noch gewaltig und wollte sich mit seinem Schicksal nicht abfinden.

All das änderte sich, als wir Lyon und die Rhone erreichten. Auf der Landkarte sieht es aus, als ob die Saone in ihrem geraden Lauf ein wenig umfangreicher würde, während sie von Osten her ein anderes Flüsschen aufnimmt, eben die Rhone. Das genaue Gegenteil ist der Fall. Die Saone ist nur ein stilles Wässerchen, geschluckt von einem reissenden Strom, der aus den Bergen kommt. Wir bekamen sofort zu spüren, wie stark die Stömung zog und uns in eiliger Fahrt mitnahm.

Auch die Landschaft änderte sich. War es bei der Saone noch eine ausgedehnte Ebene gewesen, war es hier wieder ein weites Tal, altes Kulturland, dessen Hänge sich in die Höhe zogen. Alles machte den Eindruck, in eine neue Welt gekommen zu sein, dem grossen Abenteuer wieder einen Schritt näher, das Abenteuer, dessen Hauch wir spürten, als wir bis weit in die Nacht hinein fuhren und das Licht des vollen Mondes über alles etwas Geheim-

nisvolles verbreitete, während der Strom unter
unserem Kiel rauschte und grosse Wasserstru-
del rechts und links vom Bordrand aufbrachen.
Vielleicht schweife ich ab, weil es darum
geht, der Wahrheit nachzuspüren. Aber das war
sie ja, die Wahrheit, wenn alles umher ganz neu
ist und hinter jeder Wegbiegung weitere Abenteuer warten.

4 Wie sich am nächsten Tag zeigte,
waren wir mit diesem unserem Gefühl nicht so
sehr daneben, denn der ganze Duktus der
Reise änderte sich, indem wir anderen Paddel-
freunden begegneten. Normalerweise beschränkte sich die Begrüssung dann auf ein
lässiges Hallo, aber irgendwie waren wir uns
auf Anhieb sympathisch. Es ging nicht lange
und wir beschlossen, die Fahrt gemeinsam
fortzusetzen und das Bemerkenswerte daran
war, eine von unserer neuen Bekanntschaft war
eine Frau.
„Ach", sagte St.Petrus, „gab es auch Paddel-
frauen?"
Anscheinend schon, obwohl sie sonst eher
rar waren. Nur sah Lisa nicht danach aus, dass
sie sich mit Vergnügen in die Wasserfälle der
Stauwehre gestürzt hätte. Sie hatte andere
Qualitäten. Freundlich und hilfsbereit, lachte

gerne und war nie launisch – ihr Mann Beat musste eine wahre Perle an ihr haben. Was ihm aber nicht gross auffiel, weil es der Normal-zustand war. Es war einfach eine Bereicherung für alle, dass sie da war.

Wenn wir uns zu den Mahlzeiten zusam-mentaten, war es Lisa, die mit der Spaghetti-Monotonie aufräumte, indem sie in Angelegen-heiten der Küche um einiges einfallsreicher war. Was wir als Nutzniesser gerne anerkann-ten. Die beiden kamen aus der Schweiz und wollten wie wir mit ihren Booten zum Meer.

Wir hatten den Anschauungsunterricht an ihnen, wie zwei Menschen auf eine liebevolle Art zusammenlebten. Meilenweit entfernt von dem, was die Sozialingenieure uns heute in die Ohren bliesen über das gendergerechte Verhal-ten von Mann und Frau, wie sie sie haben wol-len mit dem ganzen Schwachsinn – Vater und Mutter ersetzt durch Elter 1 und Elter 2 und ähnliche Blüten plus lgbt-irgendwas.

Wäre ich nur Frauen begegnet aus diesem Spektrum, hätte ich dankend verzichtet auf alles, was sie an und mit ihren Reizen zu bieten hatten. Aber eben: Theres später war nicht so und hätte nie so sein können. Und wie der Zu-fall es wollte: Lisa und Theres, kamen aus der gleichen Gegend: Von Bern. Sie hätten sich sicher gut verstanden, aber zwischen den beiden Begegnungen lagen viele Jahre, in denen wir uns aus den Augen gekommen waren.

Im lockeren Zusammenhalt paddelten wir wohlgemut die Rhone hinunter, flanierten gemeinsam durch Städte wie Vienne und Valence, und wenn wir uns trennten, machten wir ab, wo wir uns wieder treffen wollten. Übernachteten an sonst schwer zugänglichen Ufern, stellten unsere Zelte auf, wenn das Wetter es ratsam erscheinen liess, oder liessen es bleiben an hochsommerlichen Tagen, an denen wir trockenes Schwemmholz sammelten für unser Feuer, an dem wir sassen bis in die Nacht hinein, um uns auszutauschen und Lisa sorgte für das kulinarische Wohl.

Unsere neuen Freunde waren zum ersten Mal auf Paddeltour, auch wenn sie nicht mehr Zeit hatten, als die üblichen zwei bis drei Wochen. Wir beeindruckten sie mit unseren Erzählungen vom Doubs, wie jedes Stauwehr eine Herausforderung war, und wir nur bedauerten, nicht in einem Land zu wohnen wie der Schweiz, wo es wilde Flüsse geben müsse, die wir alle zu befahren im Sinn gehabt hätten. Zu Hause in Duisburg hätten wir schon trainiert.

Aber wie das? Der Niederrhein dort war ein behäbiger Strom, ausser einem dichten Schiffsverkehr war da nichts. Aber ja doch! Ganz in der Nähe, oberhalb von unserem Bootshaus! Ein Kühlwasserkanal, der die dortigen Hochofenanlagen bediente, die grössten Europas wie es hiess. Krupp. Sie brauchten dazu einen ganzen Kanal mit Wasser, um etwas in den grossen Schmelzöfen zu kühlen, hatten es oberhalb abgeleitet und unterhalb kam es wieder zurück – im vollen Schuss. Das war unser Wildwasser.

Es war dabei nicht schmutziger geworden, nur um einiges wärmer; was uns durchaus angenehm war, wenn wir dort wilde Aktionen übten und dabei kenterten. Wir übten uns in der Kenterrolle, bei der man durch einen geschickten Paddelzug unter Wasser sich wieder aufrichtete nach einer Kenterung. Wenn man die Kunst beherrschte! Wenn nicht, hiess es schwimmen und das Boot am Ufer wieder ausleeren. Jedenfalls war es immer schön warm, was nicht der Fall gewesen wäre, würden die Übungen auf einem Wildfluss im eisigen Gletscherwasser durchgeführt.

Lisa und Beat hörten unseren Erzählungen zwar interessiert zu, aber erklärten, dass sie sich dazu eher für unbegabt hielten. Auch unsere Aktionen auf dem Doubs wären nicht unbedingt ihre Sache gewesen. Doch dann berichteten sie, was sie in der Schweiz trieben, und es war die Reihe an uns, uns eher unbegabt zu fühlen. Zumindest war es ratsam, sich zuerst ein profundes Wissen anzueignen, wollte man wie sie auf Hochgebirgstouren unterwegs sein, Steilwände und Gletscherspalten mit Anseilen und Haken und Eispickel. Uns wurde schwindlig alleine schon vom Zuhören.

Die Sonne ging weiterhin auf an jedem Morgen und lächelte uns an, während wir Feuer machten und das Frühstück vorbereiteten.

Beat als Kamerad, wie man ihn nur wünschte, nahm alles gelassen. Trotzdem hatten wir eine kleine Auseinandersetzung. Nichts grundsätzliches, nur dass es uns zeigte, aus wie verschiedenen Kulturen wir kamen.

Von der Jahreszeit her hatte die Weinernte angefangen. Es müssen grosse Flächen gewesen sein, die geerntet sein wollten. Ab und zu hörte man Stimmen in der Entfernung, doch ohne dass man jemanden zu Gesicht bekam. Die Rebhänge zogen sich teilweise bis fast an die Ufer hinab, Kilometer um Kilometer.

In alten Märchen kam es vor, dass jemandem die gebratenen Tauben direkt in den offenen Mund flogen. Hier waren es die süssesten

Trauben, die direkt vor unserer Nase hingen; man brauchte nur zubeissen. Von alleine wäre ich vielleicht nicht auf die Idee gekommen, dass das nicht ganz sauber war. Beat aber meinte, es wäre eigentlich Diebstahl, wenn das zur Gewohnheit würde.

Schweizer blieben halt korrekt. Sie mussten wohl Mühe haben mit Vorstellungen, was in ihrem Nachbarland abgelaufen war in der ersten Nachkriegszeit, wo es ums nackte Überleben ging.

An der Siedlung, in der wir wohnten, grenzten Felder und wenn man an ihnen entlangging, konnte es vorkommen, dass es hinterher eine Kartoffelstaude weniger war, die dort wuchs, wenn es sonst schon fast nichts gab. Für den Rest waren es Brennnesseln und Sauerampfer, nach denen ich kleiner Knirps Ausschau zu halten hatte. Meine Mutter verstand es, uns damit das Überleben zu sichern und wenn sich noch andere Zutaten wie Steckrüben fanden, war das Ergebnis nicht unbedingt lecker, aber doch einigermassen nahrhaft. Die Moralvorstellungen hatten sich dabei etwas verschoben: Erlaubt war, was dem Überleben diente. Ich hatte es so miterlebt nach den Kriegsereignissen, doch für friedliebende Schweizer mussten es eher verwirrende Zusammenhänge sein.

Viele Jahre später, als Theres schon längst meine Frau geworden war, tat Schwiegermutter einmal einen bemerkenswerten Ausspruch, als meine Eltern aus Deutschland zu Besuch in der Schweiz waren. Man sass am Kaffeetisch und tauschte sich aus über Kriegserlebnisse: Meinen Vater hatten sie in die Winterschlacht um Stalingrad geschickt mit einer Überlebenschance von 1:1000 und doch kam er wieder zurück, ohne je zu wissen warum; und meine Mutter überlebte die Zeit der Bombardierungen in den Luftschutzkellern. Sie ja, mit mir, andere der Familie nicht.

Für Schwiegervater hingegen war die Zeit einfacher gewesen: Er musste die Jura-Höhen bewachen, doch hatte frei am Wochenende, wenn der Krieg Pause machte bis montag früh und er mit dem Velo nach Hause radelte. Und Schwiegermutter sagte: Ja, der Krieg war schlimm, es gab nicht einmal mehr Schocki zu kaufen! So verschieden waren die Erfahrungen.

Auf der Weiterfahrt mit unseren Freunden hatten wir jedenfalls genug Gesprächsstoff, wenn wir an den Abenden noch lange bis in die Nacht zusammen sassen am Lagerfeuer.

Die Rhone wurde breiter und behäbiger, links

die Provence, rechts das Massiv Central, dem Vernehmen nach mit den schönsten Wildflüssen wie der Ardeche, malerische Schluchten mit glasklarem Wasser – doch nicht für uns, die wir mit unseren Finanzen haushalten mussten. Einmal wollten wir zurückkehren, um auch das alles zu erleben. Für diesmal war das Ziel aber das Mittelmeer, besonders für Beat und Lisa, die schon davon sprachen, dass die Reise für sie dann zuende gehen würde.

Staustufen zur Regulierung des Wasserstandes gab es nur noch wenige, aber die waren gewaltig, Schiffshebewerke mit mehr als 20 Meter Niveauunterschied, parallel dazu mächtige Kraftwerke quer über den ganzen Strom. Wenn wir unser Carnet de Passage vorwiesen, lächelten sie milde und fragten, ob wir im Ernst glaubten, dass solche Riesenanlagen in Gang gesetzt werden sollten für ein paar Wasserflöhe wie unsere Boote. Theoretisch hätten wir recht, aber, gutmütig wie sie waren, schlugen sie vor zu warten bis zur Passage eines Tankers oder Frachters, und uns gutzustellen mit dem Kapitän, dass er uns erlaube, unsere Boote an Bord zu hieven. Bei vollbeladenen, tief im Wasser liegenden Schiffen sollte das kein Problem sein.

War es auch nicht, die Kapitäne waren stets voller Wohlwollen. Wir passten sie ab vor der

Schleuseneinfahrt, und wenn die Boote versorgt waren, schauten wir uns die Sache von oben an. Zuerst lag das Schiff im Schleusenbecken wie an einer Kaimauer, aber dann ging es ab in die Tiefe, wenn das Becken entleerte, tiefer und tiefer, bis es unten ankam und unsere Paddelboote an Deck nur noch wie kleines Spielzeug aussahen. Dann hiess es hurtig all die vielen Treppen hinunterlaufen, bis wir auf dem unteren Niveau an Bord steigen konnten und bei der Ausfahrt unsere Boote wieder ins Wasser liessen und uns mit einem merci beaucoup verabschiedeten.

Bei solch einer Gelegenheit überlegten Beat und Lisa ihren Terminplan und fanden, für sie würde die Zeit knapp, wenn sie noch ein paar Tage am Meer sein wollten – sollten sie wohl den Kapitän fragen, ob er sie, das hiess uns alle, mitnähme bis zur Camarque? Für uns war das in Ordnung, Teilstrecken waren im Unterlauf schon manchmal kanalisiert und Betonufer waren nicht besonders reizvoll.

Auch für den Kapitän war das keine Sache, er würde durchrauschen und am Abend schon in der Gegend sein, in Arles, wo wir hinwollten und uns von Bord lassen.

5   Es gab dabei nur ein kleines Problem.

Wir würden an dem Ort vorbeifahren, an dem wir Post erwarteten, poste restante, in Avignon, und der Kapitän würde kaum wegen uns anhalten, sie abzuholen. Wir sprachen mit ihm, aber für ein grosses Tankschiff gab es natürlich andere Prioritäten.

Ich schlug vor, in Avignon über Bord zu springen, Kleidersack hinterher und an Land zu schwimmen. Er zog eine bedenkliche Miene, schwimmen war nicht sein Fach, aber liess sich überzeugen, dass wir, in dem Fall ich, geübte Schwimmer wären. Mein Freund und Paddelbruder würde mir seinen Pass mitgeben und das sollte genügen für einen Posthalter, uns die Post für beide auszuhändigen. Als der Kapitän mich munter davon schwimmen sah, war er zufrieden und winkte ein freundliches Ade hinterher, bevor er wieder auf Volldampf voraus schaltete.

Ich landete unter einer Brücke, „sous le pont d'Avignon". Ob sie „sur le pont", dem alten Kinderlied zufolge getanzt haben, ist mir entfallen, wenn es überhaupt die selbe Brücke war, wo sie toutes arondes tanzten. Jedenfalls war ich da, zog meine Kleider an und schlenderte durch die Stadt, die ein historisches und schon südländisch mediterranes Flair hatte. Buntes Volk füllte die Strassen und auf einem Platz sass eine Zigeunerin und stillte ihr Kind. Ich nehme an, es war eine. Zuhause ein eher ungewöhnlicher Anblick. Nachdem ich mich durchgefragt hatte zum Postbureau, fing die Überzeugungsarbeit an. Ich musste erklären, wieso ich autorisiert sei, anderer Leute Post abzuholen, Pass alleine lange nicht. Ich radebrechte eine Geschichte zusammen, in der Flüsse und Ströme vorkamen, Tankschiffe und Paddelboote, ein netter Kapitän, der aber keine Zeit hatte für Postangelegenheiten von Mitreisenden und dergleichen. Und ach ja, mein Kamerad würde tres, tres triste sein, wenn er die für ihn bestimmten zarten Mitteilungen nicht erhielte.

Das letztere hatte ich mir aus den Fingern gesogen, doch als ich seinen Brief schlussendlich doch bekam, lag ich gar nicht einmal so daneben mit meiner Einschätzung. Der Brief sah sehr rosarot aus, obwohl äusserlich keine Farbe an ihm war. Einfach vom Gefühl her.

Der Brief an mich war von meiner Mutter. In bewegten Worten bat sie mich, ja gut aufzupassen. Vielleicht hatte sie im Fernseh gesehen, was in dem fernen Frankreich alles passierte, dass sie beunruhigt war über die normale mütterliche Besorgnis hinaus. Ich schrieb zurück, dass ich wirklich gut acht haben wollte.

Doch mein grösseres Problem für den Moment war, meine Leute wiederzufinden. Sie waren sicher schon am verabredeten Treffpunkt, da wo sich die Rhone in zwei teilte in Arles. Auf dem Wasserweg wären es 40 km. Ich lief los zu Fuss. Vorerst waren es nur Nebenstrassen in der freien Natur, mit Feldern und Weinreben, Büschen und Bäumen und ab und zu einem Fahrzeug, das mich einsteigen liess für ein paar Kilometer. Bevor ich meine Geschichte erzählen konnte, in der Art wie dem Posthalter, war der Fahrer auch schon bei sich zu Hause und ich wieder auf eigenen Beinen. Doch es war ein friedlicher Abend, in den ich zuversichtlich hinein wanderte.

Meine Zuversicht wurde belohnt, als ein alter Mann anhielt in einem alten Döschwo, wobei die Aussage subjektiv ist. Für Nicht-Franzosen sehen wahrscheinlich alle Döschwo altertümlich aus, dabei war es die Nationalkarosse Nr.1, in Deutschland bekannt als „Ente". Und der Mann war natürlich nur aus damaliger Sicht alt; aus heutiger war er ein junger Mann. Alles ist relativ.

Vielleicht hatte er gerade nichts dringendes zu tun, denn er hörte sich beim Fahren interessiert meine Geschichte an und stellte sogar Zwischenfragen. So wurde eine gemütliche Plauderei draus, alles andere zwar als grammatikalisch korrekt, aber wir verstanden uns. Vielleicht hatte er darüber vergessen, dass er nach Hause wollte und mich aussteigen lassen sollte. Mir war es recht. Er sagte, unsere kleine Faltbootflotte interessiere ihn nun doch und Arles wäre ja nicht mehr so weit.

Zielstrebig steuerte er sein Gefährt durch die Stadt und tatsächlich – da kam die Rhone und die Landspitze mitten im Strom, die sie teilte in die Grosse Rhone links und in die Kleine rechts. Und direkt vor uns, auf der Kaimauer, waren meine Freunde und die vier Boote.

Mein Fahrer hatte ein grosses Dankeschön verdient und auf dass es auch ausführlich ausfalle, lief ich zu Lisa und bat sie die Gesprächsführung zu übernehmen, weil sie perfekt französisch sprach; in einem zweisprachigen Kanton wie Bern konnte man das, viele jedenfalls.

Sie tat mir den Gefallen und erzählte meinem Fahrer alles, was bei meinem sprachlichen Unvermögen nicht rübergekommen war. Er war ganz angetan davon und sass zusammen mit uns auf der Kaimauer, bis die Nacht einbrach.

Mein Freund und Paddelbruder hatte sich schon vorher ins Abseits begeben, nachdem er sich seine Post hatte aushändigen lassen. So wie er lächelte, verstärkte sich der Eindruck, dass sein Brief sehr rosarot sein musste.

Von jetzt an war es für uns die Kleine Rhone. Kein Schiffsverkehr mehr, keine Verbauungen, nur noch pure Natur, die die Ufer zuwachsen liess. Wir hätten gerne einen Blick hinter den grünen Vorhang getan – die Camargue sollte das Land der Flamingos sein und der Pferde. Aber vorerst blieb sie uns verschlossen; wir wollten uns nicht schon jetzt verzetteln mit Expeditionen ins Landesinnere; wir hatten ein grösseres Ziel. So nahmen wir vorlieb mit den Sandbänken und den vielen Windungen des Flusses, hinter denen sich immer neue Ausblicke auftaten.

Ab und zu kamen wir an Anglern vorbei und fragten überflüssigerweise, ob wir richtig waren auf dem Weg zum Meer. Daraus ergaben sich oft Plaudereien über das Woher und Wohin; Angler hatten unbeschränkt viel Zeit zur Verfügung. Nur fühlten wir manchmal das Bedürfnis weiterzufahren, bevor wir von den allgegenwärtigen Moskitos zu sehr zerstochen waren. Beim Paddeln auf dem Wasser konnten sie nicht Schritt halten mit uns.

Es mussten Zufahrtswege in der Nähe sein, denn es kam allerlei Volk zu den Sandbänken zum Baden. Vielleicht war sogar für Moskitos die Sonne zu heiss in der Mittagshitze, dass wir stundenweise Ruhe hatten vor ihnen. Die Kleider-Etikette der Badegäste beschränkte sich auf die allernötigsten Utensilien, was aber von uns durchaus nicht als störend empfunden wurde. Unsere Boote, die malerisch auf den Sandbänken lagen, schienen uns mit einem exotischen Nimbus zu umgeben, so dass sich auch da recht erbauliche Plaudereien ergaben.

In späteren Zeiten wurde Canoeing zu einem gewöhnlichen Anblick auf Frankreichs schönen Flüssen, aber damals waren wir fast die Einzigen und wurden auch so wahrgenommen.

Wir blieben in Sichtkontakt zu Beat und Lisa, und wenn einmal nicht, dann tauchten sie hinter einer Flussbiegung wieder auf. Für die Nächte suchten wir eine passende Sandbank im Fluss, sammelten Holz für unser Lagerfeuer und wenn es ein bisschen rauchte, vertrieb es uns die in der Abenddämmerung zu voller Aktivität erwachenden lästigen Moskitos, sodass wir ungestört die einbrechende Nacht geniessen konnten.

Nach einigen weiteren geruhsamen Paddeltagen kam er endlich, der grosse Augenblick: Vor uns weitete sich der Blick, die Ufer traten zurück und da war es: La Mer! Sanftes Wellengekräusel, friedlich schimmernd im Abendsonnenschein bis an den Horizont. Zuerst war es noch, als ob wir vorsichtig unbekanntes Terrain erkundeten. Und schmeckte das Wasser tatsächlich salzig? Es tat! Doch dann, mutig und etwas übermütig geworden, legten wir los: Für eventuelle Meerjungfrauen muss es ein eindrücklicher Anblick gewesen sein: Eine Armada von vier schlanken Faltbooten auf grosser Fahrt nach Afrika in der untergehenden Sonne.

Erst später fiel uns bei, dass wir uns eigentlich nach einem annehmbaren Lagerplatz in Europa umschauen wollten, Afrika war denn doch ein bisschen zu weit.

Schaut man sich auf Google-Maps die Gegend heute an, scheint sie total überbaut zu sein, doch damals war es nur Sand und Wasser und der Wind, der wehte. In östlicher Richtung lag der Ort, in dem sich alle Jahre die Gitanes trafen, Zigeuner, – Saintes-Maries-de-la-Mer. Doch für Beat und Lisa war es das gewesen. Sie verliessen uns nach zwei, drei Tagen. Die Ferien waren zu Ende und der Alltag rief nach ihnen.

Der Abschied der Freunde war herzlich, die Boote abgebaut und verstaut in Gepäcktaschen und wir ermahnt, auf dem Rückweg bei ihnen in der Schweiz vorbei zu schauen. Wobei das weniger meinen Freund und Paddelbruder betraf, denn er hatte im Sinn direkten Weges zu fahren mit der Bahn. Er hatte von Anfang an durchblicken lassen, dass zwei Monate für ihn das Limit wären und er danach sich um sein berufliches Fortkommen zu kümmern gedachte. So wie um eine gewisse andere Kleinigkeit.

Danach meldete sich Sankt Petrus: „Eure Freunde waren nun weg, aber ihr hattet noch ein paar Tage für euch. Erzählst du uns eigentlich, was ihr euch da zuletzt für eine phänomenale Eselei geleistet habt? Vielleicht können andere etwas daraus lernen!"

„Ja ... also", zögerte ich. „Wenn es unbedingt sein muss ... " – „ Es muss!", sagte mein Mentor.

Wir wollten erkunden, was es mit dem Treffpunkt der Zigeuner in Saintes-Maries-de-la-Mer auf sich hatte. Er konnte nicht weit entfernt sein von unserem Lagerplatz, sechs, sieben Kilometer vielleicht – eine gute Stunde paddeln und wir waren da. Das Wetter war schön und das Meer spiegelglatt, ein bisschen Wellengekräusel abgerechnet.

Am Ort angekommen, zogen wir unsere Boote auf den Strand, während die in der Sonne sitzenden alten Männer die Transportmittel, die sie nicht kannten, kritisch beäugten. Wir kamen uns ein bisschen wichtig vor, liefen durch den

Ort, sahen nichts Aussergewöhnliches und vermuteten, dass gerade keine Saison war für malerische Volkszusammenkünfte. Also machten wir unsere Einkäufe, tranken einen Rouge und setzten uns ebenfalls in die Sonne.

Aber hallo, wo war sie auf einmal geblieben, die Sonne? Auch schien es, dass ein ziemlich kühles Lüftchen wehte. Wir kannten uns aus mit Wind und Wetter, dass uns ein Regenschauer nicht sonderlich etwas ausmachte. Was wir aber nicht kannten, waren plötzliche Sturmwinde, eine Besonderheit dieser Küstengegend. Wir erinnerten uns, Namen gehört zu haben wie Scirocco und Mistral, aber was wirklich dahintersteckte, lernten wir jetzt in Echtzeit kennen und hatten es auf einmal sehr eilig, an den Strand zu kommen.

Auch die alten Männer waren aufgestanden, um sich anzuschauen, was wir jetzt zu tun gedachten. Wir wollten nach Hause, zu unserem Zelt und unseren Habseligkeiten, bevor das Wetter zu garstig wurde. Aber das war es schon und das im Handumdrehen. Auf dem Meer waren Wellen mit Schaumkronen und gegen den Strand rannte eine heftige Brandung an.

Die alten Männer beobachteten die Szene: Wollten wir wirklich aufs Meer bei dem Wetter? Ja, wir wollten, denn sie sahen, wie wir Paddel und Spritzdecken paratmachten. „Ce sont fou, les almands", sagten sie, die spinnen, die Deutschen. Kann sein, dass sie recht hatten, aber überzeugt von uns selber, liessen wir uns nicht dreinreden. Es war nicht einfach, durch die Brandung zu kommen. Als wir es geschafft hatten ohne umzukippen, waren wir im offenen Meer und es fing ein wahrer Höllentanz an. Die Wellen kamen an, senkrecht zum Strand. Als erfahrene Paddler wussten wir, dass sie uns auf keinen Fall von der Seite treffen durften, es wäre der Untergang gewesen. Wir mussten sie von vorne angehen, aber damit kamen wir nur weiter hinaus aufs Meer oder blieben auf der Stelle. Um die Kleine Rhone zu erreichen, mussten wir uns nach Westen bewegen, quer zu den Wellen, die immer höher wurden.

Jeder einzelne Wellenberg wollte von vorne angegangen werden, danach rutschte man in das Wellental, in dem man die Boote für ein paar Paddelschläge parallel zum Strand, Richtung Rhone, bringen konnte, um danach die nächste Welle wieder in senkrechter Ausrichtung zu parieren. Ob wir damals schon an Schutzengel glaubten, weiss ich nicht, aber die ganze Situation war dazu angetan, uns das Beten zu lehren.

Wir wollten nahe zusammenbleiben, um uns gegenseitig zu helfen, sollte etwas passieren. Aber das war Theorie. Es war ein veritabler Sturm, den wir hatten. Manchmal schauten wir auf und der andere war weit weg und wir hatten zu tun, uns wieder näher zu kommen. Langsam, langsam ging es dann doch in Richtung Flussmündung, aber es war alles andere als eine geruhsame Paddeltour. Als wir die Rhone schliesslich erreichten und weiterhin rückwärts paddelten, um die Wellen zu parieren, die endlich dann doch kleiner wurden, waren wir ziemlich geschlaucht. Wie hatten die alten Männer gesagt: Ce sont fou, les almands! Sie müssen wohl recht gehabt haben.

Am nächsten Tag brach mein Freund und Paddelbruder die Reise ab, was er aber eh im Sinn gehabt hatte. Natürlich wollten wir den Kontakt zueinander halten und, wer weiss, noch andere Fahrten unternehmen. Aber dazu kam es nicht, das Schicksal spedierte uns in verschiedene Himmelsrichtungen.

Erst anlässlich des 90sten Geburtstags meines Vaters, genau 40 Jahre später, als die ganze Verwandtschaft zusammenkam und wir mit, gelang es mir, ihn ausfindig zu machen. Er lebte nahe der holländischen Grenze, hatte einen alten Bauernhof erworben und hatte eine Pferdezucht. Keine von der Camargue, sondern Isländer, aber immerhin. Seine Familie lernte ich ebenfalls kennen.

„Mensch Kumpel! Weisst du noch die Wellen damals?", war das erste, was er sagte. „Hätte das nicht ins Auge gehen können?" – „Mensch Werner!", sagte ich, „seien wir froh, dass es gut gegangen ist". – „Das können wir wirklich!", sprach er und entkorkte eine Flasche Rotwein.

„Übrigens," sagte später einmal Petrus, „was wäre eigentlich passiert, wenn es nicht gut gegangen wäre?"

„Gekentert", sagte ich, „die Wellen hätten uns umgeworfen."- „Und?", sagte er.

„Das wäre bitter gewesen, Boote voller Wasser hätten wir nicht mehr klar gekriegt. Wir hätten ohne sie zum Strand schwimmen müssen. Totalverlust."

„Und die Mannschaft? Auch Totalverlust?"

Ich schaute entgeistert. Was wollte er damit sagen? Wir waren gute Schwimmer.

„Dir scheint nicht ganz klar zu sein", sagte er, „dass im Bereich von Flussmündungen manchmal ganz seltsame Strömungen auftreten. Da schwimmt man und schwimmt, bis man merkt, dass man immer weiter vom Land abkommt, Richtung Afrika. Und dann? Afrika ist weit. Ob man da nicht unterwegs schlapp macht, bevor man ankommt?"

Ich muss gestehen, dass ich nach dieser Bemerkung nicht besonders gut geschlafen habe, auch wenn der aktuelle Anlass schon mehrere Jahrzehnte zurück lag. Vielleicht gab es dort gar keine üblen Strömungen, aber der Schreck sass.

6 Ich war alleine, sah jeden Tag im Osten am Horizont die Sonne aufgehen, im Westen untergehen und überlegte wie weiter.

Kanusport war eigentlich nicht mehr dran. Kostenintensive Reisepläne auch nicht. Also weiter zu Fuss und per Autostop. Nur eine einzige Sache wollte ich noch abgehakt wissen: Einmal rund um die Camargue auf dem Wasserweg, zur Grossen Rhone und später vielleicht ein Tankschiff stromauf. Ein letztes Mal also über das offene Meer bis Port-St-Luis, etwa 50 Kilometer.

Ich entwickelte mich zum Wetterfrosch und beobachtete den Himmel. Nach einer Reihe von schönen Tagen glaubte ich, es wagen zu dürfen und paddelte los. Es zog sich länger hin als gedacht. Gegen Abend wurde ich müde, sah aber an der Küste eine kleine Ansammlung niederer Gebäude und steuerte sie an. Ich traf auf einige abenteuerliche Gesellen. Sie konnten sich kaum vorstellen, woher ich kam und ich konnte mir nicht vorstellen, was sie da in ihrer Einsamkeit trieben. Aber sie lachten gerne, nur bekam ich nicht die Pointe mit, weil sie einen Dialekt sprachen, der für mich noch unverständlicher war als die normale Sprache.

Sie verstanden aber mein Anliegen: Ob ich mein Schiff unterstellen dürfe in einem ihrer Schuppen; ich käme es dann später wieder abholen. Für sie war das in Ordnung und am nächsten Tag machte ich mich auf Richtung Marseille und Cote d'Azur – zu Fuss, denn Autostop war noch nicht inmitten der Wildnis. Immerhin sah ich Flamingos.

„Momentmal", meldete sich St. Petrus, „eigentlich geht es um das Thema „Lügen". Wenn jemand Reiseberichte über Südfrankreich will, soll er sich das in einem Reiseführer anschauen. Bleib du mal beim Wesentlichen."

„Ich komm noch drauf", sagte ich. Vorerst ging es darum, eine grössere Autostrasse zu finden, um als Anhalter weiter zu kommen. Mal war es ein fescher Sportwagen, dann wieder war es zu Fuss laufen für längere Zeiten. Aber man kam vorwärts und ich erreichte Marseilles, ein Phänomen von einer Stadt, das ganze Mittelmeer vertreten in seinem bunten Menschengewimmel im Hafenbereich. Ich blieb mehrere Tage, fasziniert von den stets wechselnden Eindrücken.

Danach war es die Nobelküste der Cote d'Azur, St-Tropez, Frejus, Cannes und Nizza. Alles Gegenden der Nobility, Promenaden unter Palmen am Meer – manchmal wusste ich gar nicht, was ich abgerissener Landstreicher da zu suchen hatte in einer Gesellschaft der Reichen, von denen mancher vielleicht mehr Geld ausgab an einem einzigen Abend als ich für ein halbes Jahr zur Verfügung hatte, die projektierte Dauer meiner Reise.

Damit ich keinen finanziellen Schiffbruch erlitt, war spartanische Sparsamkeit angesagt. Alles wäre eh nicht möglich gewesen ohne das Netz der Jugendherbergen, das ganze Länder überspannte und jugendlichen Habenichtsen dienen sollte, andere Länder und Sitten kennen lernen zwecks besserer Völkerverständigung. Die Vorgeneration hatte noch mit Kanonen aufeinander geschossen, was man für die Zukunft zu vermeiden hoffte.

Damals waren die Übernachtungen noch billig, etwa ein oder zwei Franken pro Nacht, anders hätte ich meine Reise von vorne herein vergessen können. Doch der Komfort war manchmal etwas gewöhnungsbedürftig. An einem Ort – weil eine Unmenge an jungem Volk unterwegs war – hatten sie zusätzlich Zeltdächer aufgestellt als Übernachtungsmöglichkeit. Innenräume für Frauen, Zelte für Männer. Dagegen war nichts einzuwenden, es war Sommer und es war warm. Es gab nur ein Problem dabei: Ratten!

Es ist anzunehmen, dass die Klientel selber Schuld war daran. Rucksacktouristen hatten meistens etwas Nahrhaftes im Gepäck für den grossen Hunger. Die Ratten hatten das spitzgekriegt und hatten ebenfalls Hunger. In der Nacht kamen sie an. Ich traute meinen Augen nicht, als ich sie im Mondlicht an den Bettgestellen hochklettern sah, eine nach der anderen. Sie wollten an meinen Rucksack, was mir gegen den Strich ging. Ich suchte nach etwas, womit ich nach ihnen schlagen konnte, aber es machte ihnen keinen besonderen Eindruck.

Schlussendlich musste ich auf meinem Rucksack schlafen, um ihn unter Kontrolle zu behalten. Wie die anderen Zeltgenossen mit dem Problem umgingen, ist mir nicht mehr in Erinnerung. Dabei war es noch eine kleine Art von Ratten. Unter weniger stressigen Umständen hätte man sie fast für Kuscheltierchen halten können.

Einige Jahre später war ich beruflich in Afrika – ich muss halt, um zu meinem Thema zu kommen, etwas springen in der Zeit. Jedenfalls lernte ich dort, was Ratten wirklich sein konnten. Ich arbeitete in der Fahrzeug-Branche und ramponierte Fahrzeuge standen, bis sie repariert wurden, in einer Lagerhalle, teilweise offen. Als ich eines davon in die Werkstatt transportierte, schaute unter einem Sitzpolster ein gewaltiger Schwanz hervor, ein Rattenschwanz.

„Nicht anlangen," sagte ein Kollege, „wenn dir deine Finger lieb sind. Wir regeln das anders." Er ging und kam mit einem CO2-Feuerlöscher zurück. Pulver- als auch Schaumlöscher verursachen viel Dreck bei der Anwendung, nicht aber CO2. Zwei, drei Sekunden „zischhh" unter den Sitz und das Problem war sauber und rückstandsfrei gelöst. Fast so gross wie eine Katze, hing an dem phänomenalen Schwanz eine phänomenale Ratte, steifgefroren, durch die schlagartige Abkühlung bei der Freisetzung des Gases. „Die würde wieder auftauen", sagte der Kollege und zertrümmerte mit einem wohlgezielten Hammerschlag den Schädel. „Aber jetzt nicht mehr!"

CO2 wird weltweit übel verteufelt, aber immerhin ist es nützlich bei Ratten. Wissenschaftler und andere Menschen finden CO2 ebenfalls nützlich, denn ohne würde kein Leben auf der Erde existieren. Und schon waren sich die Vertreter der jeweiligen Meinungen spinnefeind und bereit, sich zur Bekräftigung ihres Standpunktes mit Haut und Knochen an Verkehrknotenpunkten fest zu kleben, die Anti-CO2-Fraktion zumindest. Mit elenden Staus und Umleitungen und viel zusätzlichem CO2.

Manchmal kann man das Gefühl haben, die Klimajugend und andere Aktivist- und *innen wissen nicht, wovon sie reden. Sind ihnen die Mengenverhältnisse überhaupt klar? Der Anteil von CO2 in der Erdatmosphäre ist 0,03%. Auf ein Wasserfass von 100 Liter umgerechnet macht das 3 Löffel voll aus. Wenn es ein Löffelchen mehr ist – will mir jemand erzählen, davon ginge die Welt unter im Hitzetod? Die Paläontologie kann da mit ganz anderen Zahlen von CO2-Konzentrationen in der Erdgeschichte aufwarten!

Das Schicksal hat mir die Gelegenheit geboten, das Klima 80 Jahre und mehr hautnah mit zu erleben. Es waren Winter, wo alles zu Stein und Bein gefror und Winter, wo in den Vorgärten die Rosen blühten, Sommer in denen man schon am Morgen in der Badehose herumlief und Sommer, in denen man im Kleiderschrank

nach einem zusätzlichen dicken Pulli suchte –
im munteren Wechsel.

Also ist auch das ganze Tamtam dazu
schwer nachvollziehbar. Wenn es sich nicht inzwischen schon totgelaufen hat, wegen aktu-
ellerer Themen. Man hörte nicht mehr viel
davon. Nur dass jeder Supermarkt-Eingang
noch damit angibt, wie ach so klimafreundlich
und CO2neutral er wäre. Und dass immer
wieder der heisseste Monat des Jahrhunderts
ausgerufen wurde, wenn man zusätzliche Un-
terhosen brauchte, war auch eher kontraproduktiv.

Was viel schlimmer wiegt und was von den
wackeren Klimaschützern meines Wissens noch
nie thematisiert worden ist: Die unsägliche Ver-
pestung der Atmosphäre durch Sprühflugzeu-
ge, schon seit mehr als zwei Jahrzehnten, weltweit, nonstop. Und was bastelten sie an der
Ionosphäre herum mit Haarp&Co? Ich hatte
einmal beobachten können, wie über einen wol-
kenlosen Nachthimmel stundenlang Blitze
zuckten. Was war da bloss los?

Die Cote d'Azur! Die Sonne schien auch bei
schmalem Budget und Baguette war überall
erhältlich, was wollte man mehr? In Nizza blieb
ich mehrere Wochen in einer Herberge, die nur

eine grössere Wohnung in einem Stadthaus war. Junges Volk sass am grossen Frühstückstisch, die Wirtin setzte sich dazu und es war, als wären wir alle eine grosse Familie. Doch irgendwann musste an die Rückreise gedacht werden. Mein Schiff war in der Camargue, vor mir noch 25 km offenes Meer und die Jahreszeit wurde nicht milder. Auch zurück ging Autostop mal rassig und mal weniger gut, um nicht zu sagen zäh. Besonders an Regentagen. Erreichte ich abends eine Herberge, war die Welt in Ordnung. Wenn nicht, war improvisieren angesagt. Einmal nach solch einer Regennacht kam mir im ersten Frühlicht ein Polizist entgegen. Ich zog es vor, unerkannt im Schatten zu bleiben, sonst wäre er noch auf die Idee gekommen nachzufragen, wo genau in der schon ziemlich leeren Ferienkolonie am Ort ich übernachtet hatte. Dabei hatte ich nur versucht, nicht ganz bis auf die Haut durchnässt zu werden.

Marseille war wieder ein Feuerwerk an Eindrücken mit all dem exotischen Volk im Hafenviertel. In der Herberge brauchte man diesmal nicht auf Zelte auszuweichen, jahreszeitlich bedingt hatte der Andrang der Gäste nachgelassen. In der grossen Gemeinschaftsküche war trotzdem noch Betrieb. Bei den anwesenden

Frauen konnte ich einige Tricks abschauen, was Kochen betraf, wie die erforderliche Wassermenge bei Reis. Beim ersten Versuch hatte ich noch eine Art Braunkohle produziert.

Es ist seltsam, wie manchmal von grossen Mengen an Eindrücken nur die allerunscheinbarsten im Gedächtnis haften bleiben. In diesem Fall war es eine Spinne, ein etwas grösseres Exemplar. Wo kam sie her? Schwer zu sagen, alles war durchaus sauber geputzt. Sie befand sich in der Mitte des Fussbodens und wollte zu Fuss an die gegenüberliegende Wand. Auf der Fensterbank lag gemütlich eine Katze.

Vielleicht hatte sie Langeweile, denn sie sprang herunter und schaute sich das Krabbeltier genauer an. Dabei stellte sie eine Pfote drauf. Hinterher fehlte ein Bein. Die Spinne liess sich dadurch nicht beirren und setzte ihre Reise fort. Das wiederum erregte die Neugier der Katze noch mehr und sie stellte beide Pfoten drauf. Danach fehlten gleich zwei weitere Beine.

Die Spinne musste sich gehandicapt fühlen, aber wollte trotzdem weiter, was jedoch nicht mehr so gut gelang. Nach noch einer weiteren Attacke blieb nur noch ein Bein übrig und die Chance damit weit zu kommen, ging gegen

Null. Vor allem, weil Samtpfötchen probierte, ob es sich um etwas Essbares handelte. Sie spuckte es zwar als ungeniessbar wieder aus, aber der Rest war nicht mehr besonders brauchbar. Vielleicht ist mir der Vorfall in Erinnerung wegen eines vergleichbaren Erlebnisses später.

Ich erreichte die Camargue und fädelte mich ein in die Wege, die ich mir gemerkt hatte, um den Ort wiederzufinden, wo mein Schiff lag. Nach einer Wanderung von zwei Tagen auf Feldwegen und an Wasserläufen entlang, war ich am Ziel. Obwohl die Jahreszeit schon ziemlich fortgeschritten war, hatte ich Glück. Es war windstill und das Meer eine einzige spiegelglatte Fläche. Die allerdings nicht unbedingt den blauen Himmel widerspiegelte, sondern die Farbe war bleiern. Einheimischen wäre das vielleicht aufgefallen, aber ich gehörte nicht zu den Einheimischen.

Am Ort war niemand anzutreffen, deshalb hinterliess ich auf einem Zettel meine besten Grüsse und einen herzlichen Dank. Merci beaucoup. Transportierte das Boot an den Strand, machte alles startklar und die letzte Etappe der Reise konnte beginnen: 25 km bis Port-St-Louis an der Mündung der Grossen Rhone. Ich fühlt mich, als ob ich in meiner Hochstimmung laut singen mochte in der Weite des Meeres; endlich wieder Wasser unter dem Kiel!

Wohlgemut paddelte ich in Sichtweite der Küste. Die Landschaft war grandios in ihrer Eintönigkeit, Sand voraus und Sand hinter mir. Während auf der zurückliegenden Strecke nichts in der Art zu bemerken war, gab es jetzt ab und zu Anzeichen von Felsklippen, als ob sie einmal zu einem Land gehört hatten, das in Wasser und Sand ertrunken war. Manchmal sass dort ein einsamer Angler, der das Bild des Friedens in der Natur noch abrundete. Winkte er mir zu, winkte ich zurück. Ansonsten Sand, Sand, Sand. Und Wasser natürlich.

Ich rechnete damit, einige Stunden unterwegs zu sein, einen halben Tag vielleicht, doch beim Anbruch der Dunkelheit das Ziel erreicht zu haben. Inzwischen zogen mir allerlei geruhsame Gedanken durch die Seele, was ich alles noch an grossartigen Unternehmungen erleben wollte, allein oder mit Kameraden. Ja, auch eher romantische Vorstellungen kreisten durch mein Gehirn, von Paddelbräuten. Ob diese dann allerdings im Sinn hatten, sich in Wind und Wetter durchzubeissen, oder von ganz anderen Motiven geleitet wurden, die für mich noch Rätsel waren mit sieben Siegeln, wusste ich nicht zu sagen. Nicht jede vielleicht würde eine Lisa sein.

Unter derart erbaulichen Gedanken verging die Zeit, bis langsam die Dämmerung einsetzte und voraus schon Lichter zu sehen waren, die zweifelsohne die Mündung der Grossen Rhone anzeigten. In einer Anwandlung von Selbstzufriedenheit beschloss ich, einen schönen Lagerplatz zu suchen und mir morgen genussvoll den letzten Rest des Weges zu gönnen. Ich hatte noch einige Vorräte an Bord, um etwas leckeres zuzubereiten auf meinem Spirituskocher. Ich war glücklich am Ziel meiner grossen Reise angekommen. Dachte ich. Selten in meinem Leben habe ich falscher gedacht. Als ich am nächsten Morgen erwachte, war Sturm.

7 Fassungslos starrte ich auf das Meer. Grosse Wellen, schaumbekrönt, rollten an und brachen sich in gewaltigen Brechern in einer ersten Brandungszone, die als weisse Gischt auf das Land zulief, wo sie noch eine zweite Brandungszone verursachte, die ihre Ausläufer den Sandstrand hochschickte. Wahnsinn, überhaupt nur daran zu denken, da weiter zu kommen. Der Wind zerrte an der Zeltplane und ich hätte mich rechts und links ohrfeigen können, warum ich gestern abend nicht noch ein Stündchen Paddeln angehängt hatte und jetzt wohlgeborgen im Schutz der Rhone-Mündung war.

Genauso hoffnungslos wären Versuche gewesen, am Strand weiterzukommen in dem abgrundtiefen Sand. Alleine zu Fuss ja, und hätte es so etwas gegeben wie einen Uferweg, dann auch ja, indem ich mein Boot auf dem zusammenlegbaren Bootswägelchen hinter mir her gezogen hätte. Aber es gab keinen. Ich belud mein Boot mit den Habseligkeiten und versuchte einiges, aber es war rein vergebens.

Zu allem Unglück kam vom Meer eine von diesen extrem hohen Wellen, die sich manchmal bildeten und weit ins Land hochschlugen. Ich wurde nass bei dem Versuch, das Boot zu halten; aber wenigstens schwamm es noch, auch wenn das Innere nicht ganz trocken blieb – warum nur mussten sich alle Elemente gegen mich verschwören?

Wenn eine Brandungswelle wieder vom Strand ablief, bildete sich für kurze Zeit bis zur nächsten Welle eine festere Schicht im Sand, die vielleicht tragfähig war für den Bootswagen. Doch es wurde nichts draus, weil immer wieder höhere Wellen kamen, die mich davongespült hätten.

Ich versuchte, einen Weg ins Landesinnere zu finden. Nach einer Weile stiess ich auf einen

Kanal, von dem ich nicht wusste, wohin er führte, aber auch da bestand das Problem, wie hinkommen mit dem Boot. So langsam fand ich, dass alles ein einziges Elend wäre. Was ich nicht wusste, war, dass das Elend sich noch steigern würde.

Ich hatte in fruchtlosem Bemühen meine Kräfte erschöpft und es wurde schon dunkel, als ich gewahr wurde, dass die Polizei auf mich aufmerksam geworden war. Sie mussten Wege kennen im Gelände, die ich nicht gefunden hatte, nahmen mich mit in einem Fahrzeug und brachten mich zu einigen kleinen Häusern. Ich hatte keine blasse Ahnung, auf was das Ganze hinaus wollte, und genauso wenig wussten sie, was sie aus mir machen sollten. Erklärungsversuche blieben unverständlich; meine Sprachkenntnisse verwirrten sich und langten nicht, um zu vermitteln, dass ich ganz harmlos sei. Ausserdem war es dunkel und sie hatten Feierabend. Um weiterzuschauen, wäre auch morgen noch ein Tag und solange steckten sie mich in ein Gefängnis. Peng! Es war ein übles Loch und als die Tür hinter mir zuging, war ich allein mit den Kakerlaken.

Man sagt manchmal, dass man etwas nicht einmal seinen schlimmsten Feinden wünsche. Ich begann, dieses Wort zu verstehen. Das Gefängnis musste ein Überbleibsel sein aus Zeiten der Inquisition, eine Folterkammer, in der sie keine speziellen Folterinstrumente brauchten, um den Willen der Deliqenten zu brechen. Einfach dadrin zu stecken, langte schon. In einer totalen Finsternis, nirgends auch nur die kleinste Ritze, durch die ein Anflug von Licht hätte dringen können. Es war muffig und stickig, dass ich schon nach kurzer Zeit nicht mehr wusste, was und wie ich atmen wollte.

Es war eine Pritsche vorhanden und es gab sogar eine dreckige Decke dazu, die einen noch muffigeren Geruch ausströmte als eh schon das allgemeine Ambiente.

Ich konnte mir nicht darüber klarwerden, ob ich an akustischen Störungen litt. Waren die Umgebungsgeräusche tatsächlich das Knistern beim Vorrücken eines Heeres von Kakerlaken oder war es das Rascheln von Ratten. Ich kannte das schon und hätte ich sie bei Licht gesehen, wären sie mir vielleicht wie Mitgeschöpfe der Natur erschienen, wie alles Leben auf Erden. Aber dieses absolute schwarze Nichts von Finsternis war dazu angetan, mir den letzten Verstand zu rauben. Und bildete ich mir nur ein, dass es überall anfing zu beissen und zu jucken?

Oder, war ich vielleicht nur etwas überempfindlich?

Das Schicksal, warum musste es nur so grausam sein? Die Spinne letzthin, was hatte sie denn Schlimmes getan, als dass sie von A nach B wollte, und doch ist ihr so übel mitgespielt worden. Ich verstand die Welt nicht mehr, auch ich hatte nur von A nach B gewollt.

Doch regte sich in mir noch ein Rest von Überlebenswillen. Die Nacht ging ewig, aber als ich meinte, sie könnte vorbei sein und ich an den Wänden entlang kroch, bemerkte ich da, wo eine Türritze sein musste, den Anflug eines Lichtschimmers. Die Nacht war anscheinend wirklich vorbei.

Ich wollte kämpfen. In einer Ecke waren Gegenstände zu ertasten, ein Stein oder ein Klotz. Ich robbte zurück, wo ich die Tür vermutete und begann dagegen zu hämmern: wumm – wumm – wumm ... und wollte nicht eher aufhören, bis ich besinnungslos zu Boden fiel – oder die Tür aufging.

Das letzere war der Fall nach einer geraumen Weile des Ballerns. Herein schauten die Polizisten und andere Anwesende. Ihr Gesichtsausdruck spiegelte nicht unbedingt wider, dass sie ärgerlich waren über mich, sondern einfach nur – perplex. Perplex über das, was sie sahen: Ein Häufchen Elend.

Einer von ihnen fühlte sich bemüssigt, etwas zu sagen oder zu erklären. Er sagte: „Excusez, Monsieur. C'est la guerre ... " Hähh!! La guerre? Krieg? Was für ein Krieg?

Ich musste mir eingestehen, dass ich hier und jetzt die Rechnung bekam für meine Medien-Abstinenz: Frankreich war tatsächlich verwickelt in einen bitterbösen Krieg und ich wusste nichts davon!

Es war kein Krieg mit Truppenaufmärschen und Panzerschlachten. Es war etwas, das man asymmetrisch nennt. Algerien, die französische Kolonie in Nordafrika, forderte ihre Selbständigkeit. Mangels schwerer Waffen nahmen sie Sprengsätze und Bomben, die in vollbesetzte Restaurants geworfen wurden. Das Mediengetöse war mindestens so gewaltig wie bei einer Panzerattacke. Beide Seiten fochten mit ungleich langen Spiessen, aber versuchten verbissen ihre Standpunkte durchzusetzen.

Spätere Jahre brachten mich einmal mit einem Arbeitskollegen zusammen, der in seiner Vergangenheit in der französischen Fremden-Legion gedient hatte. In der Mittagspause erzählte er manchmal davon, was sie in Algerien hatten machen müssen. Hinterher hatte das Essen nicht mehr geschmeckt. Es war abscheulich. Was nützte es, wenn das aufgerechnet wurde gegen die zerfetzten Leiber von den Terrorattacken der Gegenseite?

Nachträglich konnte ich nachempfinden, dass bei offiziellen Stellen eine gewisse Nervosität herrschte in Bezug auf so gänzlich unbekannte Objekte wie Faltboote. Der Form nach hätte ja auch eine Bombe drinstecken können, mit der in der benachbarten Erdölindustrie etwas in die Luft gesprengt würde. Bei Licht besehen allerdings, am nächsten Morgen, musste der Gedanke auch vorsichtigen Naturen ziemlich abstrus erscheinen.

Vielleicht hatten sie von höherer Stelle die Anweisung erhalten, mich als einen harmlosen Irren wieder laufen zu lassen. Ich war also rehabilitiert und um Goodwill zu zeigen, halfen sie meine Weiterreise in Gang zu bringen.

Allerdings hatte ich endgültig genug von der Kanu-Küstenschifffahrt, ich wollte nur noch nach Hause. Sie vermittelten eine Fahrgelegenheit in den nahen Ort, Saline de Giraud an der Rhone, oberhalb von Port-St-Louis. Doch auch die Flussschifffahrt war mir verleidet. Ich wartete auf den Bus, der mich und mein Boot, in Packtaschen verstaut, mitnehmen sollte zum Bahnhof nach Arles.

Beim geruhsamen Warten unter den grossen Platanen, die sich schon darauf vorbereiteten, ihr Laub fallen zu lassen, konnte ich vor meinen inneren Augen noch einmal die wechselvollen Ereignissen vorbeiziehen lassen. Allerdings sollte noch einiges auf mich zukommen, das weniger geruhsam war. Denn am Bahnhof in Arles gab es neues Ungemach: Mein Geld langte nicht! Es hätte gelangt, wenn es in Frankreich, wie in Deutschland, das System des Selbstverlads von Faltbooten gegeben hätte. War aber nicht, was die Angelegenheit um vieles teurer machte, weil das Boot separat spediert werden musste als Spezialgepäck.

Der Schalterbeamte half mitdenken, was da zu tun wäre und unterbreitete Vorschläge zu diversen Destinationen, die machbar waren mit meinen monetären Resten. Eine davon Bern in der Schweiz. Mein Herz tat einen Gump – Beat und Lisa! Meine Rettung! Ich nahm zu meinen eigenen Gunsten an, dass sie nicht gerade auf einer mehrwöchigen Bergtour waren. Die Zeit, in der so etwas geklärt wurde mit einer kurzen SMS, kam erst ein halbes Jahrhundert später. Ich legte meine Barschaft auf den Schalter und er dafür die Fahrkarte.

Kurze Zeit später sass ich im Zug nach Lyon. Dort angekommen wartete wieder Ärger: Der einzige Anschlusszug nach Geneve war ein TEE – Trans-European-Express für die Nobility, also nur 1.Klasse. Warum hatte mir das niemand gesagt? Als der Zug eingefahren war, entdeckte ich am anderen Ende der Zugskomposition von Luxus-Waggons, wie sie mein Boot verluden. Mein Schiff! Meine Heimat! Die konnten doch nicht einfach ohne mich fahren! Ich stieg dazu, mit meinem 2.Klass-Billet.

Der Unterschied zwischen 1. und 2. Klasse war schnell zu spüren. Ich passte, struppig wie ich war, überhaupt nicht dazu. Was mir dann auch der Kondukteur nahelegte, der die Fahrkarten kontrollierte. „Mais Monsieur", sagte er und ich versuchte, den Sachverhalt zu klären. Er wollte kein Unmensch sein, aber ohne Nachzahlung ging das nun mal nicht. Ich bezweifelte, dass es ausreichte, doch er bestand darauf, dass ich es zumindest versuchte und alles, was noch mein war, auf den Tisch legte. Als die letzten mageren Münzen zum Vorschein kamen, waren es noch 6 franc, die fehlten.

So leid es ihm tat, aber er musste mich an die frische Luft setzen. Die Nobel-Fahrgäste schauten geflissentlich in eine andere Richtung. Einige starrten mich auch an – jemanden, der nicht mal 6 franc hatte? Ich hoffte nur, dass der Zug nicht allein wegen mir auf offener Strecke halten musste. Als er dann hielt, schien niemand aus- oder zuzusteigen. Doch gab es eine Art Mini-Bahnhof, wo sich Fuchs und Hase Gute-Nacht sagten.

Hatte ich in der Vordernacht sehr gelitten an zu wenig frischer Luft, litt ich jetzt an einem Zuviel. Wir waren im Voralpengebiet und es ging auf den Winter zu. Schlechte Karten für jemanden, dessen ganzes Hab und Gut momentan Richtung Genf rollte, also auch warme Kleider. Ausserdem war mir, dass auch ein Stück Baguette dabei sein musste. Wann hatte ich eigentlich zum letztem Mal etwas gegessen? Essen musste ich glatt vergessen haben.

Die Nacht ging ebenfalls ewig. Zwar war ich nicht eingesperrt und es war auch nicht stockfinster, aber ich fror zum Erbarmen und mein Magen knurrte immer lauter. Ich konnte nicht feststellen, ob zu dem Bahnhöfchen auch eine kleine Ansiedlung gehörte. Aber selbst wenn, war da mitten in der Nacht ein heisses Getränk zu haben, wenn man kein Geld hatte? Die letzten Münzen wollte ich in weiser Voraussicht aufsparen wie meinen eigenen Augapfel. Wer wusste, wozu sie noch gebraucht wurden?

8   Doch auch diese Nacht ging vorbei. Der erste Bummelzug am nächsten Morgen sah mich zusteigen. Alles was ich noch aufbrachte an Energie setzte ich dann ein am Bahnhof Geneve SNCF und es war mir ernst: Wo war mein Schiff? Keine Ahnung, bei niemandem. Als ob es nie eins gegeben hätte. Ich liess nicht locker; es musste doch in der Nacht angekommen sein! War es schon in Bern? Wenn nicht, wo denn sonst? Alles Bahnhofspersonal musste sich ziemlich genervt vorkommen wegen mir. Endlich schickten sie jemanden auf die Suche, mit mir. Wir pilgerten durch endlose Lagerhallen. Nichts. Aber ich wollte es wissen! Da, als schon alle Hoffnung schwinden wollte – da war es. Am hintersten Ende einer grossen Lagerhalle, ganz oben unter dem Dach. Sah aus, als ob es von da ordnungsgemäss weiterspediert werden sollte – in einem halben Jahr!

Wir mussten zuerst einen Gabelstapler organisieren, um es aus der luftigen Höhe herunterzuholen. Danach kam das nächste Hindernis: Die Bahnhöfe Geneve SNCF und Genf SBB lagen an entgegengesetzten Enden der Stadt. Das Dazwischen wollte bewältigt sein im Selbstverlad, auch wenn es eine gültige Fahrkarte gab. Und wenn das Schicksal mir übel wollte, dann sogar zu Fuss. In einer Wechselstube zählte ich die letzten französischen Münzen auf den Schalter und bekam dafür Schweizer Rappen. Es langte gerade für die Strassenbahn (oder war es der Bus?) Was von meiner ganzen Barschaft übrigblieb, war kaum mehr als ein Füfi, aber irgendwann sass ich dann endlich doch im Zug nach Bern.

Der Zug fuhr entlang des Genfer Sees zwischen Rebhängen, kletterte nach Lausanne in die Höhe, dass der See noch einmal von oben zu sehen war, und passierte irgendwann die Sprachgrenze. Man sprach wieder deutsch. In Fribourg war ein Mädchen zugestiegen in meinem Alter und kam mir gegenüber zu sitzen. Es war mir nicht gegeben, Frauen in lockerem Plauderton anzusprechen. Schweigend ging die Fahrt weiter, wobei mein etwas unorthodoxes Äussere – wann hatte ich einen Coiffeursalon zum letzten Mal von innen gesehen? – sie doch zu einer Bemerkung veranlasste, aber zu etwas durchaus nettem, über das Wetter vielleicht.

Das gab mir die Gelegenheit zu einer Gegenbemerkung und letztendlich wurde noch ein Gespräch daraus. Was dabei von meiner Seite einfloss, musste wohl ebenso gewöhnungsbedürftig gewesen sein wie mein Äusseres. Es ging um Schiffe und hohe Wellen und ungemütliche Nächte, also eher fremdartige Themen für sie. Als ich dann einflocht, dass ich seit zwei Tagen praktisch nichts gegessen hatte, schaute sie mich gross an, griff wortlos in ihr Täschchen, holte ein phänomenales Znünibrot hervor, dick belegt mit Chäs oder Hamme, und überreichte es mir. Das Gespräch brach ab, weil ich mit Kauen zu tun hatte. Sie aber schaute mir dabei geruhsam zu und freute sich, dass es mir schmeckte.

Sie musste eine Buuretochter gewesen sein – solche Znünibrote können nur Bauern machen – oder sie war ein Engel, im rechten Moment vom Himmel gesandt um mich zu erquicken. Im äusseren Leben war sie vielleicht ein Bürofräulein auf dem Weg ins Geschäft. In Bern wünschte sie mir einen schönen Tag und ging. Also doch ein Engel: Denn so ist ihre Art – ist ihre Aufgabe getan, gehen sie unauffällig fort.

Wenn ich von Bern spreche, muss dazu gesagt sein, dass ich nichts über die Schweiz wusste, als dass sie hohe Berge hatten und die Hauptstadt eben Bern war. In Wirklichkeit gab es noch eine Reihe kleinerer Orte und Beat und Lisa wohnten in solch einem Ort. Also ging es noch ein Stückchen weiter, nach Thun. Was kein Problem war: Der Anschlusszug war schnell gefunden, mein Schiff selbst verladen, und ich war bald an der richtigen Destination. Whau, die Berge!! Die Eigernordwand direkt voraus!

Lisa hatte mir beschrieben, wo sie zu finden

wäre, nämlich in einem Nobelgeschäft der Innenstadt, wo sie als Verkäuferin tätig war. Es war zwar die Chefin, die mich empfing und etwas irritiert war über mein Äusseres und dass ich zuerst freudestrahlend Lisa im Hintergrund begrüsste. Doch Lisa regelte das umgehend, indem sie erklärte, dass sie einewäg bald Feierabend hätte und mir einen Füüfliber gab, um im nahen Migros-Restaurant „es Kafi z'näh", oben im 1. Stock. Sie käme bald nach.

Für 5 Franken gab es zusätzlich zum Getränk noch etwas Nahrhaftes, so dass ich schon zum zweiten Male an dem Tag herzhaft erquickt wurde von einer freundlichen Bedienung.

Ich fand, dass ich die Schweiz mochte, sass geruhsam am Fenster und schaute hinunter auf die Strasse. Unten breitete sich eine Kompanie Rekruten aus, stellte ihre Sturmgewehre zu einer Pyramide zusammen und war sich ihrer Wichtigkeit als Vaterlands-Verteidiger bewusst. Glückliches Volk, das noch an ein Vaterland glaubte!

Bei uns daheim waren sie dabei, es uns abzugewöhnen und hatten statt dessen gleich den ganzen Nordatlantik zur Zone der Verteidigung erklärt gegen den gemeinsamen üblen Feind im Osten. Für alle Ewigkeit, aber eine Ewigkeit kann vielleicht doch ein bisschen weniger lang gehen als gedacht. Glücklicherweise kam Lisa bald und wir konnten uns aufbauenden Themen widmen. Und ich war herzlich eingeladen bei ihnen zu bleiben als Gast.

Auf dass ich meine Wunden leckte und Abstand gewann, gingen Beat und Lisa mit mir zum Fondue-Essen. Das Ambiente der gediegenen Atmosphäre des Restaurants tat seine Wirkung – ich begann wieder an das Gute im Leben zu glauben.

Ich durfte zwei Wochen bei ihnen bleiben, in denen sie mir in der Freizeit ihre Schweiz nahebrachten. Dass ich selber einmal mein Leben dort verbringen sollte, lag noch weit in der Zukunft, aber es war schon einmal eine gute Einstimmung. Wir unternahmen einiges zusammen und zum guten Schluss stellte Beat mir ein grosszügiges Darlehen in Aussicht, um die Heimreise zu organisieren. Zu dem Zeitpunkt aber hatte sich mein Selbstwertgefühl schon so weit regeneriert, dass ich die Reise auf dem Wasserwege zu beenden gedachte.

Nur war die Aare, die durch Thun floss und in den Rhein mündete, ungeeignet. Zu viele Verbauungen waren zu umtragen, mit denen ich, allein auf mich gestellt, überfordert gewesen wäre. Also war es Basel, Stromkilometer

Null auf meinem Heimatgewässer, dem Rhein.
Die restlichen 800 km wären dann ein Kinder-
spiel.

Als ich von Beat und Lisa Abschied nahm mit
vielen Dankeschöns, war die Jahreszeit schon
so weit fortgeschritten, Ende November, dass es
Nachtfröste gab. In Basel SBB schaute ich, dass
ich mein Faltboot bekam, karrte es zum Rhein,
baute auf und schwamm davon. Endlich wieder
auf dem Wasser!
Ich wusste, dass der Rhein nicht mehr das
bleiben würde, was er in Basel noch war – ein
ordentlich breiter Strom. Alles Wasser wurde
umgeleitet, um die Schifffahrt im Rhein-Seiten-
Kanal zu ermöglichen. Was übrig blieb vom
alten Flussbett, war nicht mehr als ein Rinnsal.
Als ich ankam, wo sich die Gewässer trennten, war es schon dunkel. Aber im Mond- und
Sternenlicht war vorerst genug zu erkennen.
Die Landschaft hatte sich gewandelt, es waren
grosse Sandbänke, umflossen von kleinen Bä-
chen von Wasser, in deren Mitte die Grenze
zwischen Frankreich und Deutschland verlief.
Ich blieb dort für die Nacht. Wieder in Hochstimmung, hätte ich am liebsten gesungen. Ein
Lied von der Sehnsucht nach den Sternen und
den Wanderern, die zu ihnen unterwegs sind.

Vielleicht hatte ich tatsächlich gesungen, denn es kam Besuch vom Bundesgrenzschutz, die nachschauten, was es da wohl gäbe. Da sie deutsch sprachen, war es kein Problem, von meinen Abenteuern zu erzählen, soviel sie nur wollten. Sie blieben eine ganze Weile und wir schieden im gegenseitigen Wohlwollen.

Am nächsten Tag war es nicht mehr weit bis zur Einfahrt in den Rhein-Seiten-Kanal. Vor der ersten Schleuse ankerten ein halbes Dutzend Schiffe und warteten auf die Weiterfahrt. Ich suchte mir etwas aus und fand eines mit einem grossen Schweizerkreuz am Heck. Mir war das sympathisch. Der Name ebenfalls: Edelweiss 22. Ich stieg an Bord und suchte den Kapitän, ob er mich mitnähme. Kein Problem! Nicht einmal mein Zelt brauchte ich aufzubauen an Deck, sondern bekam einen Platz angewiesen in der Mannschaftsunterkunft im Vorderschiff.

An dem Tag fuhren wir bis in die Nähe von Strassbourg, um dort zu ankern. Das Wetter war noch einmal mild, leicht diesig, und mir war, ich müsse mich irgendwie von Frankreich verabschieden in dieser letzten Nacht. Setzte über mit meinem Boot und lief in das Land hinein, durch die weiten Felder mit den abgeernteten Kulturen. Es war die gleiche Landschaft, das Elsass, in der 200 Jahre zuvor der junge Goethe seiner Friderike begegnete, und sich an ihr entzündete, oder sie an ihm. Allerdings endete die Romanze nicht mit einem Happyend, sondern mit gebrochenen Herzen.

Lief in die Dunkelheit hinein, weiter und weiter, laufen, laufen, laufen für diesmal und nicht paddeln. Das Geheimnisvolle der Nacht legte sich auf mein Gemüt und ich sinnierte darüber, ob das Fatum auch einmal für mich eine Romanze wahr werden liesse, ohne dass ein gebrochenes Herz dabei zurückblieb. Unter solchen Gedanken verging die Nacht. Als im ersten Morgengrauen die Edelweiss 22 die Anker lichtete, war ich zurück an Bord.

9 Das Wasser des Seiten-Kanals erreichte bald sein altes Flussbett in Kehl. Danach waren es wieder die smaragdenen Wellen des Rheins, des Stroms der Sagen; von Siegfried, dem strahlenden Held, der von dem Verräter Hagen hinterrücks gemeuchelt wurde; von Krimhild und Brünhild, den Frauen, die mit ihren Eifersüchteleien und Intrigen zum Anlass wurden, dass ganze Völkerschaften sich gegenseitig ausrotteten, laut den Chroniken der Nibelungen. Die alten Städte Speyer und Worms, dazwischen Mannheim-Ludwigshafen.

Wobei an letzterem nichts Sagenhaftes war,

ausser dass sie sagenhaften Dreck produzierten und mit ihren Chemieabwässern den ganzen Strom verpesteten. Später, als sie auch dort etwas von Umwelt gehört hatten, wurde es besser und, wenn man neuesten Berichten Glauben schenken darf, ist es jetzt ganz aus mit ihnen. Ein wichtigstes Standbein der deutschen Industrie für mehr als ein Jahrhundert gibt auf zugunsten von Standorten auf der anderen Seite des Erdballs. Sagenhaft!

Hinter Mainz suchte der Rhein einen Durchbruch zwischen den Bergen von Hunsrück und Taunus und fand ihn im Bingerloch. Näherte man sich von Süden, sah es wirklich so aus, als ob er in dem Felsmassiv in einem Loch verschwände, eben bei Bingen. Es war die romantische Strecke das Mittelrheins, mit Schlössern und Burgen zwischen steilen Felsen. Die Herausforderung für die Schifffahrt war die mächtige Strömung. Für die, die es stromauf nicht mehr packten, bestand ein Dienst von Schleppschiffen. Wurden sie angefordert, kamen sie, spannten sich vor die zu Langsamen und dampften voraus mit vereinten Kräften, bis sie oben waren.

Wir kamen zu der Stelle, wo auf der rechten Seite ein gewaltiger Felsen steil in die Höhe ragte. Berichten zufolge hatte auf der obersten

Spitze eine schöne Jungfrau gesessen und sich die Haare gekämmt, die Lorelei. Und das zudem mit einem goldenen Kamm im funkelnden Abendsonnenschein. Was für den weiteren Verlauf erschwerend ins Gewicht fiel, war, dass sie ein Lied gesungen hatte dabei mit einer, wie es hiess, wundersamen Melodei. Für einen einsamen Schiffer, der unten entlang steuerte, musste das zuviel gewesen sein. Er schaute nur noch hinauf in die Höhe und nicht zu den Felsenriffen, die vor ihm aufbrandeten.

Es kam, was kommen musste. Die reissende Strömung warf ihn in die Riffe und sein Kahn zerschellte und ging verloren mit Mann und Maus. Um die Maus wird es nicht weiter schade gewesen sein, um den Mann schon eher. Die Sache erregte Aufsehen weit über die lokalen Grenzen hinaus und die Frage blieb, wer war Schuld.

Am Steuerad eines Frachtschiffes zwischen Basel und Duisburg oder Rotterdam gab es keine Minute, die nicht Aufmerksamkeit auf den Schiffsverkehr erforderte, aber trotzdem blieb viel Zeit, wenn der Tag lang war. Die meiste Zeit sass ich hinten beim Kapitän und wir verhandelten allerlei Vorkommnisse, unter anderem das mit den Felsenriffen. Er fand, so etwas dürfte einfach nicht mehr vorkommen in heutiger Zeit. Mir war, er zwinkerte dabei ein bisschen mit den Augen. Die Dame hatte froh sein können, sagte er, dass sie ihr nicht den Prozess gemacht hatten wegen Transportgefährdung in Tateinheit mit fahrlässiger Tötung. Wobei Anklagen heute wegen weit geringerer Delikte erhoben werden, da reichte schon ein falsches Wort, wenn einer noch an sein Vaterland DE glaubte. Die Sache war aber wohl schon verjährt und die Unterwasserriffe längst weggesprengt, um eine breite Fahrrinne für die Schifffahrt zu schaffen.

Gegen Abend näherten wir uns Bonn, was für mich von Bedeutung war, weil mein Cousin dort wohnte. Wir wussten von klein auf voneinander, hatten uns aber nie gesehen, weil er in DE-Ost aufwuchs und ich in DE-West. Dazwischen war der Eiserne Vorhang. Bis er dann im Jünglingsalter, wie alle anderen auch, die konnten, „abhaute". Und das einzige Schlupfloch dazu war Westberlin. Nach den Bestimmungen der Besatzungsmächte musste es offen bleiben und S- und U-bahn fuhren fahrplanmässig hin und her, von Ost nach West und von West nach Ost. Die DDR blutete dabei aus, denn es waren Hunderttausende, die entkamen, bevor das Loch durch den Mauerbau verstopft wurde.

Mein Cousin war einer von ihnen. Es waren ganze Hundertschaften der Volkspolizei im Einsatz, Tag und Nacht, die Leute abzufangen in den Zügen als „Republikflüchtlinge". Wer Gepäck dabei hatte, war verdächtig. Mein Cousin wählte die Option „ohne", kam wohlbehalten, doch bettelarm in den Westen, bekam aber schon nach kurzer Zeit einen Studienplatz in Bonn. Jetzt wohnte er in einer Studentenbude unterm Dach. Hatten sie auf der Edelweiss 22 im Sinn, in Bonn zu ankern über Nacht?

Der Kapitän würde gerne, sagte er, aber er musste eine entsprechende Order von der Reederei abwarten. Da er aber fast sicher damit rechnete, gab das den Ausschlag, dass ich die Edelweiss 22 verliess, um sie dann in der Nacht wiederzufinden, hoffentlich nicht zu weit weg. Alles Gepäck blieb an Bord, um weniger schwerfällig zu sein.

Ich zog mein Boot hoch auf den Strand und machte mich auf durch die abendlichen Strassen, in denen sie anfingen, die Weihnachtsbeleuchtung zu installieren. Ich wusste, wohin, denn ich hatte meinen Cousin schon einmal dort besucht. Das war ein Hallo, als er mich so plötzlich bei sich vor der Türe stehen sah!

Wir hatten uns so viel zu erzählen! Spät am Abend erst musste ich daran denken, meine

Edelweiss 22 wiederzufinden. Mein Cousin brachte mich bis ans Wasser. Es war etwas neblig auf dem nachtdunklen Strom, wo die ankernden Schiffe nur als noch dunklere Schemen zu erkennen waren. Wir verabschiedeten uns und ich schwamm davon.

Die Suche nach der Edelweiss 22 gestaltete sich langwieriger als gedacht. Die Schiffe ankerten zwar alle in der Nähe der Fahrrinne, aber sie mussten eines nach dem anderen angefahren werden, um in der Dunkelheit die Namen zu erkennen. Ein weiteres Erkennungszeichen wäre das Schweizerkreuz am Heck gewesen, doch es war vergebens. Hatten sie doch weiterfahren müssen und ich war auf dem Weg, bis nach Holland zu paddeln, mitten in Nacht und Nebel? Ich hatte schon wieder einen Grund, mich zu fragen, was ich für ein Talent besass, in verzwickte Situationen zu geraten.

Immerhin kam ich vorwärts, die Strömung half, dass es relativ flott ging. Doch davon wurde die Fahrt nicht weniger eintönig, die Dunkelheit nicht weniger finster. Die einzigen Geräusche waren das Gluckern des Wassers und das rhythmische Plätschern meiner Paddelschläge. Und nirgendwo eine Edelweiss 22. Ich fuhr eigentlich nur noch wie automatisch, weil ich nicht gewusst hätte, was sonst machen.

Nach 40 Kilometern war ich in Köln. Ich fuhr unter den markanten Bögen der Eisenbahnbrücke durch und an der linkerhandliegenden, himmelhoch aufragenden dunklen Masse des Kölner Doms vorbei. Keine Edelweiss 22. Ich fuhr wie stumpfsinnig weiter, ohne zu wissen, wie weit meine Reserven noch reichten. Noch einmal 20 Kilometenr, und ich war in Leverkusen. Das war's denn aber auch. Vor Erschöpfung und Müdigkeit fiel mir schier das Paddel aus den Händen und ich selber womöglich aus meinem eigenen Boot.

Auf einem Steilufer auf der rechten Seite brannte hochoben ein Licht. Ein Haus, vielleicht sogar eine Kneipe! Ich legte an, quälte mich mühsam aus dem Boot und die vielen Stufen hoch, bis ich oben war. Richtig, es war eine Matrosenkneipe! Aber sie war gerade dabei dichtzumachen, es ging schon auf den Morgen zu. Im letzten Moment, als schon die Tür zuknallen wollte, schob ich noch einen Fuss dazwischen. Auf der anderen Seite der Türe stand die resolute Wirtin und blaffte mich an, jetzt wäre fertig und es gäbe nichts mehr. Sie hielt mich für einen betrunkenen Matrosen, so wie ich schwankte, und es war sicher nicht das erste Mal, dass sie einen hatte hinausspedieren müssen.

„Fertig jetzt", schnappte sie, „geh schlafen!"
Nichts in der Welt hätte ich lieber getan, aber
wo? Ich hätte sie mit Engelszungen bereden
mögen, mich einzulassen, doch was meine
Stimme krächzte, war nur noch unzusammen-
hängendes Zeug.

Aber irgendwie, bei einem näheren Blick auf
mich, musste sie zu der Überzeugung gekommen sein, dass ich nicht in das Raster ihrer
gewöhnlichen Kundschaft passte. Die Türe
öffnete sich wieder ein Stück, dass mein Fuss
frei kam, und sie wollte wissen, was eigentlich
los wäre und was ich für einer sei.

Was ich von mir gab, muss für sie immer
noch kurios gewesen sein, von ausländischen
Flüssen und Schiffen, von Meer und Wellen
und überhaupt, wo ich mich überall herum getrieben hatte, in Marseille und anderswo, aber
jetzt würde ich schier den Geist aufgeben, wenn
ich nicht etwas Warmes in den Bauch kriegte.

Dabei muss wohl mein äusseres Erschei-
nungsbild eine verborgene Seite ihres Gemütes
berührt haben, denn plötzlich fing ein mütterliches Herz an, für mich zu schlagen. Sie machte die Türe ganz auf.

Sie fing an, Kaffee zu kochen und brachte ein
grosses Brot, von dem sie zünftige Scheiben ab-

schnitt und dick mit Leberwurst bestrich. Und in den Pausen, wenn ich gerade fertig wurde mit kauen, wollte sie weitere Einzelheiten meiner Reise hören und konnte sich nicht genug verwundern, was ich alles so getrieben hatte.

Sie war eine Frau, der man hätte sein Herz ausschütten können. Doch mit zunehmendem Sättigungsgrad war gar nicht mehr so viel auszuschütten. Mein seelisches Gleichgewicht stellte sich langsam wieder ein und beim Essen erzählte ich einfach drauf los, während sie zuhörte und ab und zu fragte, ob sie noch etwas Gutes für mich tun könne.

Nach weiteren Leberwurststullen und grossen Tassen mit heissem Milchkaffee begann ich, mich regeneriert zu fühlen. Dabei hatte ich nicht einmal Geld, um die Rechnung zu begleichen, was sie grosszügig vomTisch wischte .

Inzwischen schaute das erste Licht des jungen Morgens durch die Fenster. Ich erinnerte mich, dass bei meiner Ankunft ein grosses Tankschiff ganz in der Nähe des Ufers vor Anker gelegen hatte. Als ich es jetzt seine Signale in die Luft tuten hörte, wusste ich was sie bedeuteten. Es hiess: Schiff wendet und fährt stromab. War es eine günstige Gelegenheit, schnell nach Hause zu kommen? Die Hoffnung, meine Edelweiss 22 wieder zu finden, hatte ich vorerst aufgegeben. Ich hätte gerne noch weiter mit meiner freundlichen Wirtin und Gesprächspartnerin zusammen gesessen, aber ich musste mich entscheiden.

Sie bestärkte mich darin, zu versuchen, die Gelegenheit beim Schopf zu packen. Also liessen wir alles stehen und liegen und liefen die vielen Stufen zum Ufer hinunter. Sie kam mit, um mich zu verabschieden und alles Gute zu wünschen. Ich kletterte in mein Boot, winkte ihr einen letzten Gruss und fuhr hinüber zu dem Tanker, der schon dabei war, sein Wendemanöver auszuführen. Die Ankerketten klirrten. Ich legte längsseits an, stieg an Bord und lief nach hinten zur Kommandobrücke, den Kapitän zu finden.

Während er am grossen Steuerrad drehte, brachte ich mein Anliegen vor. Er war einverstanden und sagte: „Aber ein bisschen dalli jetzt!" Ich lief zurück zum Boot und hatte es mit einem Schwung aus dem Wasser und an Bord, weil es leicht und unbeladen war. Und schon lag der Tanker richtig auf Kurs und nahm Fahrt auf. In der Hoffnung, es würde gesehen, winkte ich einen allerletzten Gruss zum Ufer.

Der Kapitän lud mich ein auf die Kommandobrücke, von wo wir einen Rundumüberblick über den grossen Strom und den morgendlich aufkommenden Schiffsverkehr hatten. Sein Schiff war eines von den ganz Schnellen. Mit einer gewaltigen Bugwelle rauschte es los, mit Kurs nach Rotterdam.

Er hatte viel zu erzählen über seinen Beruf. Die Stromkilometer Rotterdam-Basel kannte er wie seine Westentasche. Luftlinie wären es wesentlich weniger gewesen, doch bei den vielen Windungen, die der Rhein machte, waren es rund tausend, die er jahraus jahrein befuhr. Er kannte seine Kollegen, die uns begegneten auf den entgegenkommenden Schiffen und von vielen hatte er eine eigene Geschichte zu erzählen. Unter derlei erbaulicher Plauderei verging die Zeit. Keine zwei Stunden und wir passierten Düsseldorf.

Noch einmal knapp zwei Stunden und wir waren in Duisburg, Endstation für mich. Gegenüber einem Schifffahrtsbüro in einen Glaskasten auf dem rechten Steilufer, von wo sie einen lückenlosen Überblick hatten über alle berg- und talfahrenden Schiffe, stoppte er ab, um mich gefahrlos von Bord zu lassen. Wir verabschiedeten uns, nachdem er mir den Rat gegeben hatte, dort oben nachzufragen, was mit meiner Edelweiss 22 gewesen war. Und rauschte weiter.

Ich stieg die Treppen hoch und musste gar

nicht viel erklären. Sie wussten schon Bescheid. Die Edelweiss 22 hatte noch am Abend die Order von der Reederei erhalten, so schnell wie möglich zum Ruhrorter Hafen in Duisburg zu fahren. Sie erklärten genau, wo und in welchem Hafenbecken sie zu finden wäre, um mein Gepäck abzuholen. Sogar das wussten sie. Na, denn mal herzlichen Dank! Der Rest der Reise war einfach. Einige Kilometer stromab war die Hafeneinfahrt, von der aus der richtige Ankerplatz zu finden war. Genau, da war sie. Hallo, nett für eure Nachricht! Doch noch gefunden! Ich packte meine Sachen, verabschiedete mich auch da auf das herzlichste und dann musste ich nur noch ein paar Kilometer zurück stromauf bis zum Landungssteg unseres Kanuvereins. Nach fast einem halben Jahr war ich wieder zuhause.

10 „Schön ... ", meldete sich St.Petrus zurück, „das war ja schon mal ganz nett! Junges Volk im Frühling des Lebens! Beneidenswert! Ich nehme an, du hast etwas gelernt dabei?"

„Das schon", musste ich zugeben, „aber lustig war das auch nicht immer!"

„Das ist ja gerade das Salz an der Suppe! Oder meinst du, das Leben müsse immer nur ein Zuckerschleck sein? Immer nur geradeaus und nie auch mal in den Keller? Oder Knast."

„Ich hätte drauf verzichten können", brummelte ich.

„Nicht doch", sagte er, „ein Leben ohne Abstürze ist gar kein richtiges Leben! Langweilig! Stell dir die Berge vor, dicht an dicht, mit nichts dazwischen. Keine Täler oder sonstige Abgründe. Also, was bleibt? Nichts als flach und langweilig, ewig das gleiche!"

Gegen diese Art von Logik war kein Ankommen.

„Und wenn ich damals in den Wellen versoffen wäre?", begehrte ich auf.

„Das", sagte er, „wäre vielleicht ein bisschen unangenehm gewesen. Für Dich. Aber nicht für uns. Wir sind daran gewöhnt, dass Menschen nicht ewig leben. Weiter geht es trotzdem, nur auf einer anderen Ebene." – Was sollte ich dazu noch sagen?

„Kehren wir zum eigentlichen Thema zurück – Lügen!", bestimmte er. „Im Himmel ist ewig kein Platz dafür! Also muss das alles hier auf der Erde bereinigt werden. Du hattest schon angefangen damit. Mach weiter! Es ist noch ein ganzer Haufen übrig."

„Das ist wirklich nicht zu schaffen, Petrus!", sagte ich.

„Egal!", sagte er, „fang einfach wieder an!

Eure Paddelei in Frankreich lässt sich einord-
nen unter der Rubrik jugendliches Fernweh.
Kommt öfter vor und ist durchaus harmlos.
Wenn es allerdings bei Erwachsenen auftritt,
und zudem im Grossmassstab, ist das schon
bedenklicher. Da wollen sie dann gleich zum
Mond!"
„Waren sie denn nicht?".
„Das sagen sie so. Doch du bist in dem Alter,
dass du die ganze Aufregung hautnah mitge-
kriegt hast! Wie also war das damals mit der
Mondlandung. Erzähl das mal den Leuten!"

Die Mondlandung? 1969, Juli, wenn's mir recht
ist. Da war ich in der Türkei, im Landesinneren.
Die Welt stand Kopf, nur konnten sich die Medien nicht austoben, weil grosse Gebiete dort
noch nicht elektrifiziert waren. Und ohne Pfuus
tat es sich nun mal nicht mit einer Massenhyste-
rie. Würde sich auch heute nicht tun, wenn man
einfach den Stecker zöge.
    Dann aber war ich in den Städten am Meer.
Dort gab es elektrischen Strom und auch Dru-
ckerschwärze en masse. Die wussten gar nicht,
wie gross sie die Schlagzeilen machen wollten,
damit sie noch in die Zeitungen passten. Man
musste nicht einmal die Sprache verstehen, es
war auch ohne deutlich, was gemeint war:

Grösster Event der Weltgeschichte, der letzte Schritt von der Leiter der sog. Mondlandefähre herunter auf den sog. Mondboden als der grösste, gewaltigste Super-Mega-und überhaupt-Schritt der Menschheit! Zuhause in Deutschland genau das Gleiche. Und in der ganzen Welt ebenfalls. Ein riesiges Mediengetöse. Meine Mutter hatte Zeitungen aufgehoben mit den Berichten und den gewaltigen Mondraketen. Eindrucksvoll. Wenn dass kein Fortschritt war!

Allerdings gab es sie auch schon damals, diese Quertreiber und Spielverderber, die einfach ums Verrecken nicht wegzukriegen waren von ihren verqueren Ansichten. Nannten das Ganze eine Superlüge, dabei hatte es ja schwarz auf weiss in der Zeitung gestanden, also musste es doch stimmen! Und im Fernseh desgleichen! Kamen mit solch verschrobenen Ansichten, warum sie denn beim Fototermin mit der Mondlandefähre vorher extra noch eine Putzfrau vorbeigeschickt hatten, die das Teil auf Hochglanz polierte?

Wenn die Mondfähre nämlich – sagten sie – mit ihren Spinnenfüssen mit den Untersätzen gross wie überdimensionale Bratenteller, damit sie nicht einsinken sollten in den weichen Mondstaub, wirklich dort gelandet wäre, dann hätte ihr mächtiges Raketentriebwerk entsprechend Gegendampf geben müssen, damit das Ganze nicht auf den Boden knallt. Es sei aber eine ganz weiche Landung gewesen, wurde betont, perfekt. Normale Bürger hätten sich dabei gedacht, dass der Mondstaub bei dem Manöver mit dem Raketenmotor bis an die Sterne hochwirbelt. Bis er dann, da es auf dem Mond keine Luft gab und also auch keinen Wind, an gleicher Stelle wieder runterrieseln müsste, um alles dick einzupudern. Und? War das der Fall?

Nicht die Bohne! Das Teil sah sauber aus wie aus dem Ei gepellt, der Boden darunter auch. Keine Spur einer Einwirkung von Triebwerken.

Und in der Art hatten sie noch weitere Fragen: Warum verrieten die Lichtreflexe auf den Helmen der Astronauten, dass sie von Scheinwerferbeleuchtungen herrührten statt von der einzig möglichen Lichtquelle dort, der Sonne.

Und warum sie nicht einmal reflektierende Plastikfolie dabei hatten? Genug gross am Boden ausgelegt, hätte jeder Amateur später sehen können: Tatsächlich, sie waren oben gewesen! Aber nein – hatte es geheissen –, die paar Gramm wären vom Gewicht her nicht mehr zu vertreten gewesen, mit jedem Gramm hatte man geizen müssen! Dabei hatten sie ein

halbtonnen schweres Fahrzeug, den Mond-
rover, an Bord, um damit auf der Mondober-
fläche herum zu kajolen – aber für ein bisschen
reflektierende Plastikfolie hatte es nicht gelangt.

Jemanden, der heute noch daran glaubt,
würde ich fragen, ob er etwas von technologi-
schen Fortschritt gehört hat? Die renommier-
testen Wissenschaftsjournale der Welt geben an
damit, dass er sich alle fünf Jahre verdoppelt.
Da die jeweilige Verdoppelung sich natürlich
auch mit verdoppelt, müsste sich inzwischen
nach 50 Jahren der Fortschritt vertausendfacht
haben. An jeder Strassenecke müsste eine Hal-
testelle sein wie beim Bus. Man steigt einfach
zu und löst ein Ticket: Einmal Mond bitte,
retour. Sieht man etwas davon?

Sie haben es also bis heute nicht geschafft,
noch ein zweites Mal hinzufliegen! Schöner
Fortschritt, das! Aber behaupten immer noch,
dass sie oben gewesen waren.

Schon damals in der Türkei war mir die Sache
suspekt. Dabei hatte ich ganz andere Sorgen.
Das heisst, nicht direkt Sorgen, sondern Hoff-
nungen, die in mir rumorten. Ich hatte Theres
kennengelernt im Vorderjahr und überdrüssig
meines öden Junggesellendaseins gefunden,
wir könnten uns vielleicht etwas näher kennen-

lernen – vielleicht sogar auf einer Reise? Zusammen? Aber vorerst war sie unterwegs in eigenen Angelegenheiten. Weiss der Kuckuck wo? Eigentlich hatte ich mich immer schwer getan mit Frauen. Zuckersüsses Lächeln und reizende Körperteile auf Plakatwänden und anderen Werbeträgern waren noch keine Garantie für reale Substanz dahinter. Ich hielt mich eher bedeckt. Aber bei Theres war es anders. Sie passte nicht in das Muster von Werbestrategen, die jungem Volk einredeten, wie eine Frau zu sein hat, um für einen Mann attraktiv zu sein. Theres war anders.

„Ja – sooo," sagte St. Petrus. „Aber was war es dann mit ihr, das für dich anders war?"

Schwer zu sagen. Sie war einfach ein guter Mensch. Eine schöne Seele sozusagen. Hätte meine Zwillingsschwester im Geiste sein können, wenn ich ebenfalls ein guter Mensch gewesen wäre. War ich aber nicht, dazu kannte ich mich zu gut. Aber sie brachte etwas in mir zum Klingen, eine Hoffnung, auch so zu werden.

„Na, dann üb mal schön, von alleine kommt das ja nicht, da muss man etwas dafür tun!"

Um den Dingen vorzugreifen: die Romanze hatte später dann doch stattgefunden, aber nur um Haaresbreite. Es hätte nicht viel gefehlt und es wäre stattdessen eine Beerdigung gewesen, vorausgesetzt man hätte etwas gefunden zum Beerdigen. Die Sache ist mir heute noch fast zu peinlich zum Erzählen.

Jahrelang waren wir aus Berlin als eine Gruppe zusammen unterwegs gewesen zum Tauchen in der Türkei, in unberührten Gegenden am Meer, damals noch ohne jeden Massentourismus. Und alle Jahre trafen wir dabei auf eine Gruppe aus München, die genauso angetan war vom Tauchen wie wir. Jedesmal begrüssten wir uns und tauschten Erfahrungen aus.

Im Jahr der Mondlandung war das anders. Meine Freunde waren unterwegs in anderen Gegenden, nur mich zog es zu unserem altbekannten Ort, einer kleinen Hafenstadt an der Ägäis. Aber was wollte ich da, so ganz alleine? Viel mehr als am Hafen in der Sonne sitzen, war es vorerst nicht. Bis ich auf einmal lautstark begrüsst wurde: „Jo mei, wo kimmst denn du her?" Es waren die Münchener Freunde.

Beruflich waren sie inzwischen gross herausgekommen, verdienten gutes Geld und konnten sich Ausrüstungen zum Geräte-Tauchen leisten vom Feinsten. Und auch, dass sie einen dieser dickbauchigen Fischerkähne charterten, um an der Küste entlang zu schippern.

Ohne dass sie lang fragten, ob ich zu ihnen gehöre, wurde ich eingeladen mitzukommen; einfach so. Vielleicht hatte dabei auch das Votum ihrer Frauen eine Rolle gespielt, alles leidenschaftliche Nicht-Taucherinnen, die sich etwas verlassen vorkamen, wenn die Männer den ganzen Tag unter Wasser waren mit ihren Tauchgeräten. Sie fanden es gut, dass sonst noch jemand auf dem Schiff war ausser dem Kapitän und sie genossen es, wenn ich Fische für sie fing und sie auch schmackhaft zuzubereiten verstand.

Aber es blieb nicht dabei. An Bord befanden sich kleine Tauchgeräte aus früheren Jahren, gerade gut genug um ein wenig im Flachen zu schwaddern bis die Luft aufgebraucht war. Ich hatte grünes Licht, sie zu benutzen, im Vertrauen darauf, ich wüsste wie. Wusste ich ja auch, aber vielleicht doch nicht so ganz, sonst hätte nicht mein Tiefenmesser auf einmal 60 Meter angezeigt und die Atemluft war alle. 60! Bei dem Druck in 60 Metern ist der Luftverbrauch beim Atmen eben 6mal grösser. Und ich hatte das Problem, wie ich mit dem bisschen zuschaltbarer Reserveluft noch lebendig zurück an die Oberfläche kam.

„Du Trottel", donnerte St. Petrus, „du

dreifach vermaledeiter Erztrottel, wenn wir nicht ganz gut aufgepasst hätten damals auf dich, hätte dich deine Nachkommenschaft nie kennengelernt!"

Bei aller Fehlleistung war mir wenigstens der eiserne Grundsatz bewusst geblieben: Nie schneller aufsteigen als die eigenen Luftblasen! Um nicht durch den Überdruck mit geplatzter Lunge auf der Strecke zu bleiben. Kurz davor bewusstlos zu werden, wurde mir schwarz vor Augen. Ich verlor alle Orientierung, nur noch Luftblasen um mich her und kein Zeitgefühl mehr. Es ging ewig. Luftblasen, die mir durch die Druckminderung beim senkrechten Aufsteigen in stetem Strom aus dem Mund quollen, perlen unglaublich langsam auf dem Weg nach oben. Der Versuchung nachzugeben, schnell mit den Schwimmflossen an die Oberfläche zu kommen, wäre tödlich gewesen. Ich glaubte mich schon verloren. Bis endlich dann doch das freundliche Glitzern der Sonne auf den Wellen wieder da war, von unterwasser gesehen.

Ich signalisierte den Frauen, die auf ihrem Schiff in der Nähe waren, dass ich dringend eine Reserve-Luftflasche brauchte. Sie hievten mir eine überbord mit angeschlossener Armatur, mit der ich gleich wieder abtauchte, um durch erneuten Unterwasser-Druck der Gefahr von Embolien, Gasblasen im Blut durch zu schnelles Auftauchen, vorzubeugen. Aber sie verstanden die Zusammenhänge nicht. Für sie war ich wieder verschwunden. Weil es mir nicht gelang, das Gerät richtig anzuziehen, zog sein Gewicht mich mit dem Kopf voran nach unten. Aber Hauptsache, ich konnte in aller Ruhe atmen. Da sahen sie nur noch meine Füsse irgendwo in der Tiefe, stellten sich weiss was Schlimmes vor, gerieten in Panik und hatten deswegen eine richtige Herzkrise.

11   Das Schicksal hatte besseres vor mit mir als mich am Meeresgrund vermodern zu lassen: Theres. Die Begegnung meines Lebens. An anderer Stelle habe ich davon berichtet. Sie war tatsächlich meine Zwillingsseele, muss ich mir heute vorstellen.

„War?", sagte Petrus. „Lebt sie nicht mehr?"

„Schon lange nicht mehr, aber das weisst du besser als ich!", sagte ich. „Du kannst sie doch jederzeit besuchen in eurer Welt."

„Mag sein. Aber woran ist sie gestorben?"

Ich zögerte. Doch dann redete ich Klartext: Es war Mord!

„Eine deftige Aussage!", sagte er. „Erzähl!"

„Du weisst das wirklich alles besser als ich, der sich mühsam das ganze Puzzle zusammensetzen musste. Von den Ärzten war nie etwas zu erfahren."

„Egal!", sagte er. „Rede du! Dann ist es glaubhafter für andere. Authentisch sozusagen! Wer war der Täter?"

„Es war eine ganze Täterschaft! Es geht zurück bis in Zeiten vor mehr als 200 Jahren. Da ist kaum noch jemand haftbar zu machen."

Es ging um Quecksilber. Was es für eine gefährliche Substanz ist, wusste man schon lange, aber den Wissenden war bekannt, dass es direkt tödlich ist, wenn man lange genug exponiert ist. Sogenannte Quacksalber betrieben früher damit ihre zweifelhaften Experimente, womit sie die Kranken noch kränker machten, als sie schon waren. Und dann wurde entdeckt, dass es in bestimmter Mischung, einer Legierung mit anderen Metallen, fest wurde als Amalgam und brauchbar war für Zahnreparaturen."

„Und was war falsch damit?"

„Nichts, ausser dass man damit ein Mittel hatte, es der ganzen Menschheit zu implantieren, um sie grossräumig zu vergiften."

Anfangs gab es noch verschiedene Meinungen: Diejenigen, die die Anwendung des neuen Mittels voll befürworteten, und die anderen, die massive Bedenken hatten wegen der Giftigkeit. Für einige Jahre soll es einen richtigen Amalgamkrieg gegeben haben zwischen den beiden Fraktionen. Aber wie es immer geht in Kriegen: Die, die Entscheidungen treffen, sitzen verborgen hinter ihren Schreibtischen und stellen die Weichen Richtung Unheil. Die anderen sind blosses Fussvolk. Zahnärzte waren dabei nur Erfüllungsgehilfen. Die Amalgamfraktion war mit ihren Gegnern bald fertig geworden.

„Deftig, deftig", sagte Petrus, „du machst dir keine Freunde mit solch einer Aussage."

„Sei's drum!" Langsam geriet ich in Hitze. „Warum müssen bei einem jungen Mädchen alle Zähne dick zugepflastert werden mit Amalgam? Sie hatte keine schlechte Zahnsubstanz! Das Gift hat sie erdrosselt, dass sie kaum älter wurde als 40."

Die Emotionen wollten mich fast überwältigen, auch noch nach so vielen Jahren. Theres hatte eine Schwester und die beiden waren ein Herz und eine Seele. Sie waren sich auch sonst sehr ähnlich, schlank und rank, wie sie waren. Der Unterschied war, dass die eine einem Unhold von Zahnarzt in die Finger gefallen war und die andere nicht. Theres' Schwester lebte, bis sie nahe 90 Jahre alt war.

„Viele Zahnärzte", sagte Petrus, „bezahlen das aber auf ihre Weise. „Ein Leben lang mit Amalgam hantieren – zum Schluss sind sie selber quecksilberverseucht, Endstation Alzheimer."

Aber das eigentliche Desaster kam erst hinterher: In einer Schwangerschaft wird von den Müttern das Gift weitergegeben an das werdende Leben, wo es sich mit der Zeit noch schlimmer auswirken kann, weil der kindliche Organismus im Embryonalzustand viel empfindlicher ist. Die Schäden zeigen sich manchmal erst nach vielen Jahren, wenn die gesundheitlichen Katastrophen niemand mehr mit den Ursachen zusammenbringen kann.

Ich sprach aus Erfahrung. Ich habe Melanie ein Jahr begleitet in ihrer Hilflosigkeit.

Als hätte sie geahnt, wie schnell ihr junges Leben zu Ende gehen musste, war Melanie damals tief betroffen von dem Mediengetöse über Aids, 40 Jahre zurück. Lügen über Lügen, die auch ich am Anfang nicht durchschaute. Mich selber betraf die Angelegenheit nicht, aber ich merkte, wie sie meine Nachkommenschaft beschäftigte, besonders eben Melanie.

Ich fand in ihrem Nachlass – was man so Nachlass nennt bei einem 16jährigen Mädchen – Aufsätze, die sie vielleicht in der Schule geschrieben hatte und in denen die ganze Empörung durchbrach über die Ungerechtigkeit des Schicksals, dass so fröhliche junge Menschen so früh sterben mussten. „Gay" hiess ursprünglich „fröhlich" und nichts weiter, aber das war ihr nicht bewusst. Und auch nicht, dass sie zur Schwulenszene gehörten. Ich selber, obwohl ich meinen Verdacht hatte, kam erst später auf die wahren Zusammenhänge durch einen Zufallsfund im Buchhandel. Es war ein kleines Büchlein nur, aber es liess an Deutlichkeit nichts zu wünschen übrig. Menschen hatten versucht, einen ihrer Angehörigen zu retten, der in die Szene geraten war, in der sie bei den Aktivitäten, die sie betrieben, den Kick, nach dem sie verlangten, noch bis zum Geht-nicht-mehr steigerten durch Drogen, speziell „Poppers", ein schneller Weg, das Immunsystem zu ruinieren.

Das Ende der Geschichte: Für eine Weile ging es gut; der auf Abwegen Geratene genas durch eine liebevolle Pflege und Fürsorge, und durch eine Umstellung der ganzen Ernährung und Lebensweise – aber dann kam der Rückfall, der erneute Absturz in Drogen und Poppers, aus dem es keine Rettung mehr gab. Exitus. Ich wünschte nur, Melanie wäre noch so lange bei uns gewesen, dass ich ihr das hätte zeigen können.

Ärzte, zu denen ich Vertrauen hatte, fragte ich um ihre Sicht der Dinge. Sie sagten, dass sie noch nie einen Fall von Aids gesehen hatten, nicht einmal gehört davon im Kreis der Kollegen. Eine Krankheit wie von einem anderen Stern – Afrika zum Beispiel. Schön weit weg, so dass niemand hier genaueres nachprüfen konnte.

Und von Afrika kamen auch wahre Horrormeldungen. Was dabei weniger im Fokus war: Wenn sie dort starben wie die Fliegen – hatten sie überhaupt sauberes Trinkwasser? Hatten die Grosskonzerne ihnen genug Land gelassen, gesunde Nahrungsmittel anzubauen, um ihr Immunsysten fit zu erhalten? Und nicht nur Fertig-Food, Junk-Food?

Mit dem Aids-Buch gab es noch ein kleines Nachspiel: Beim nochmaligen Durchlesen fiel auf, dass es ganz in der Nähe, in einer Nachbargemeinde, verlegt worden war. Sollte man Kontakt aufnehmen, oder zumindest noch ein Exemplar beziehen? Ich telefonierte.

Als auf der anderen Seite der Hörer abgenommen wurde, brach Panik aus: Nein und nochmals nein, gibts nicht mehr, sie wollen damit nichts zu tun haben, gibt dazu auch keine Auskünfte und überhaupt sagen sie jetzt garnichts mehr. Gespräch Ende.

Wenn ich raten darf, dann hatten sie in der Zwischenzeit Besuch gehabt. Es musste ja nicht gerade ein Einsatz-Kommando gewesen sein, die Angelegenheit kann auch subtiler gehandhabt werden. Jedenfalls war es, als ob es das Buch nie gegeben hätte.

„Wegen Melanie? Sie lebt also auch nicht mehr?", fragte Petrus. Dabei wusste er das doch alles!

Die Ärzte hatten zu ihrem Tumor gesagt: Geburtsgebrechen, nichts zu machen! Aber ich selber hatte einen anderen Verdacht: Sie war vergiftet, durch mütterliches Quecksilber aus Amalgam und den Impfungen, zu denen wir gezwungen worden waren. Schon in der Embryonalzeit hat sie das ganze Gift abgekriegt.

„Du entwickelst dich", sagte Petrus, „immer mehr zu einem erstklassischen Verschwörungstheoretiker. Weiter so!"

Mir war nicht ganz klar, wie ich das zu nehmen hatte. Diese Gattung Zeitgenossen wurde als Gesindel der Gesellschaft gehandelt und sie gehörten als ausgewiesene Querdenker eingesperrt und nie wieder laufen lassen! Selber denken und die offiziellen Narrative anzweifeln – wo gab's denn sowas?

Dabei gab es den Begriff V'theoretiker noch

nicht so lange, jedenfalls nicht dass ich wüsste. Zum ersten Mal ist er mir begegnet nach dem Kennedy-Mord, 1963. Der Kennedy-Mord! US-Präsident John F. Kennedy! Der Hoffnungsträger der ganzen Welt damals, die bangte, dass er als Staatenlenker endlich Schluss machte mit den Gewalttaten einer gewissen Nation, mit ihren Kriegen und weltweiten Plünderungen – einfach erschossen.

Erschossen von einem fanatischen Einzelgänger, aus dem oberen Stock eines Hochhauses, aus weiter Entfernung, mit einem Zielfernrohr-Gewehr. Kennedy war umgeben gewesen von Hundertschaften von Geheimpolizisten und Personenschützern, aber da waren sie machtlos gewesen, was hätten sie schon machen können dagegen?

„Und alle haben das so geschluckt?", fragte mein Mentor.

Es gab eine Reihe von Leuten, die es nicht glauben wollten, eben die, für die man sehr schnell den Begriff Verschwörungstheoretiker prägte. Sie witterten irgendeine infame Untat dahinter, von was für Kreisen auch immer. Die V'theorien blühten, Publikationen massenweise, die sich gegenseitig überboten und haarscharf bewiesen, wer der Sündenbock sein musste, immer wieder neue und verschiedene. Und das alles, um die ganze Angelegenheit lächerlich zu machen bis zum es-geht-mehr.

Aus zeitlicher Distanz gesehen stellt sich das dar wie eine konzertierte Aktion von Insidern, die den Nebel noch undurchsichtiger machte. Wie bei dem Phänomen, dass ein Dieb sich verbirgt inmitten der Menschenmenge, die aufgeregt nach ihm sucht, wobei er selber am lautesten schreit: Haltet den Dieb!, und damit die Verwirrung noch weiter steigert. Zusammen mit den angeblichen Ergebnissen der Untersuchungs Kommissionen wurde daraus ein unentwirrbares Konglomerat von Lügen.

Der sogenannte Täter selber war bequemerweise kurz nach der Tat ebenfalls erschossen worden und andere Zeugen lebten auch nicht mehr lange, so dass das Chaos komplett war. Nur dass ein Video auftauchte von einem Konvoi offener Regierungs-Fahrzeuge, in dem bei einer Parade Kennedy sass und die Menschen ihm zujubelten bis – er plötzlich aus nächster Nähe von Schüssen der eigenen Bewacher von vorne getroffen wurde, sodass Teile der Hirnschale nach hinten wegspritzten. Wie oft das Video im Netz gelöscht wurde, lässt sich nicht sagen. Aber es tauchte immer wieder auf.

„Und?"

Wikipedia im Jahr 2024, also 60 Jahre später: Der Täter war Oswald, eben dieser verrückte Einzelgänger!

„Na!", sagte Petrus, „Mögen sie weiter schlafen. Die Welt geht über sie hinweg."

„Ehrlich gesagt", musste ich mir Luft machen, „bei all den Schauergeschichten drehe ich noch durch. Ich halte das nicht mehr aus, Klima, Gender, Covid und die nächsten Pandemien schon in der Warteschlaufe! Am Ende wollen sie Atomkriege ebenfalls noch lostreten! Man könnte ja stiefelsinnig werden dabei."

„Beruhige dich", sagte mein Mentor, „da kommen noch ganz andere Dinge, wir haben nicht einmal die Oberfläche angekratzt."

„Ich beruhige mich nicht!", sagte ich und redete mich in Rage, „Jetzt kann auch noch jeder, der will, amtlich selber bestimmen, ob er Männlein oder Weiblein sein will und das jedes Jahr aufs Neue. Ist das eine Art, die Ordnung des Schöpfers umzudrehen?"

„Du vergisst, dass sie allesamt bei uns landen, früher oder später. Dann werden wir sie in aller Ruhe sortieren und jedes in das Schublädli tun, wo es hingehört." Sankt Petrus blieb ganz gelassen, als er das sagte; er hatte im Umgang mit Menschen schon alles mögliche erlebt.

Ich nahm mir vor, mich ebenfalls in Gelassenheit zu üben, auch wenn mir manchmal die Galle überlaufen wollte, wenn ich vernahm, was sie alles mit den Kindern schon im Kindergarten anstellten mit ihrem Aufklärungs-Spielzeugen. Oft indem die Eltern Null Ahnung hatten, was da alles mit ihren lieben Kleinen abging. Oder lag ich da falsch?

„Nein", sagte Petrus, „früher hätte man das Sünde genannt, Todsünde. Aber da Sünden offiziell abgeschafft sind und das Gewissen gleich mit, meinen sie machen zu können, was sie wollen. Und das geht immer weiter. Jetzt sind sie bei Geschlechtsumwandlungen mit chemischen Bomben von Pubertätsblockern und reden den Jugendlichen ein, sie wären im falschen Körper geboren."

„Wieviel tausende von Kindern wollen sie damit todunglücklich machen oder in den Selbstmord treiben?", konnte ich mich nicht zurückhalten zu fragen und mir war, als ob selbst Petrus bei dem Thema langsam in Wallung geriet. Doch er fing sich und sagte: „Abwarten! Der Schlund der Hölle wird sie alle verschlingen! Basta!"

Er schaute mich tiefgründig an und sagte: „Ich seh ein, dass dir das alles auf den Geist geht, aber je länger je mehr kann man jetzt nicht verzichten auf Leute wie dich. Du wirst gebraucht! Da ist noch viel, das aufgearbeitet werden muss. Es sind zu wenige, die das tun."

Fast fühlte ich mich durch diese Aussage geschmeichelt. Um was ging's denn sonst noch?

„Wie war das mit Corona?"

„Oh nein! Nur das nicht!"

„Was oh nein? Das ist wichtig! Das war doch ein weltweiter Wirbel."

„Sankt Petrus! Es ist eine Sache, über Dinge zu recherchieren in der Vergangenheit. Sie aber dann hundert Jahre später noch einmal hautnah miterleben zu müssen, ist eine andere. Es war einfach ätzend! Alle die Lockdowns, die elenden Masken und die Schnüffelei bis in die eigene Wohnung."

„Um so wichtiger ist es jetzt, Klartext zu reden! Was war los?"

12   Es war ein mediales Trommelfeuer, wie die Welt es bis anhin noch nicht erlebt hatte. Berge von Lügen und Verdrehungen! Sie hatten einen Virus, der Menschen krank machte, vor allem, wenn von den Umweltgiften das Immunsystem schon angeschlagen war. Aber gleichzeitig wurden Medikamente verteufelt, verboten und aus dem Verkehr gezogen, die hätten helfen können, während den Menschen

Therapien aufgedrängt wurden, die kontraproduktiv, wenn nicht tödlich, waren. Und als nächstes dann die Impfstoffe.

Das Seltsame war, dass es sonst Jahre und Jahrzehnte dauerte, bis Impfstoffe entwickelt und als sicher getestet freigegeben wurden, und sie jetzt schon in Rekordzeit vorhanden waren, praktisch sofort, und in miliardenfachen Dosen produziert wurden. Als ob gewisse Leute unter einer Decke steckten und hellsehen konnten. Danach mussten sie noch flächendeckend unter die Menschen gebracht werden. Dazu war wochen- und monatelang eine Flut von Inseraten und Artikel in der Presse: Impfen – Impfen – Impfen! Im Fernseh war es entsprechende "Werbung". Bis die Menschen bei den schnell eingerichteten mobilen Impfzentren anstanden, um sich die Spritze geben zu lassen, die sie vor der weltweiten Pandemie retten sollte.

Bei einigen von ihnen fing jedoch nicht lange danach der Katzenjammer an. Gewisse Nebenwirkungen sozusagen. Es war die Zeit, in der ich wieder anfing, Zeitung zu lesen.

„Nanu!", sagte Petrus, „Ich dachte, du hättest das längst hinter dir gelassen!"

„Nein, nein", hielt ich dagegen, „man muss doch informiert sein! Ich besorge die Zeitungen weiterhin als Altpapier, da brauchen sie nicht besonders aktuell sein. Weil es mit der Klimaerwärmung nicht so richtig klappt, musste ich des öfteren nachheizen mit meinem schönen Holzofen. Beim Auseinanderfalten der Zeitungen beim Anfeuern waren interessante Dinge zu entdecken."

Lokalnachrichten. Was war da nicht alles passiert! Da ist ein Auto gegen einen Baum gefahren, einfach so. Ein anderes ist vom Weg abgekommen und hat sich überschlagen. Und Frontalkollisionen waren auch nicht gerade lustig. Seltsam, dass dabei nie die Frage aufkam, warum eigentlich. Früher war das immer abgeklärt worden, aber es kam wohl zu oft vor, da hatte man es aufgegeben nachzuforschen. Wobei die richtig schlimmen Vorkommnisse auf den Autobahnen im Lokalteil gar nicht aufgeführt wurden. Es wäre aber doch wichtig zu wissen, wieso es auf einmal so war.

„Was du erzählst, sind blosse Peanuts", sagte St. Petrus. „Beim Flugverkehr geht's dann richtig zur Sache. Glaubt jemand bei den Fluggesellschaften, unsere Geduld gehe ewig?"

Wie er das meine, wollte ich wissen.

„ Die Piloten zu Tausenden zu Impfungen zu zwingen, wenn sie ihren Job behalten wollten und den Rest entlassen. Wenn das man gut geht!"

Vielleicht hatte sich jemand gedacht, dass immer noch ein Co-Pilot an Bord ist, um bei medizinischen Notfällen den Flieger sicher auf die Erde zu bringen. Dramatische Zwischenfälle hätte es jedenfalls gegeben.

„Aber irgendwann langt's. Wir sind nicht dazu da, rund um die Uhr aufzupassen", sagte Petrus. „Sie werden mit Unfällen klarkommen müssen. Sollen sich im Internet anschauen, was alles plötzlich und unerwartet passiert."

Ausschnitte aus Videos von Überwachungs-Kameras können einem manchmal das Blut stocken lassen, wenn an Bahnsteigkanten Menschen kollabieren, besinnungslos umfallen, während gerade der Zug einfährt, keine Einzelfälle, sondern Ereignisse weltweit.

Mir selber musste niemand erklären, was „plötzlich und unerwartet" bedeutet. Ich hatte es hautnah miterlebt. Theres. Wie sie in einer Sekunde noch unbesorgt eine Strasse in Kabul entlang ging neben mir, und in der nächsten am Boden lag. Blood-clots, Gerinnsel im Blutstrom. Ein Infarkt, wie ein Schlag. Die Impfungen von unterwegs werden ihren Anteil daran gehabt haben. Damals hatte sie es überlebt, in späteren Zeiten, nachdem es sich mehrmals wiederholt hatte, nicht mehr.

In den Zeitungen, die ich zum Anfeuern benutzte, gab es noch weitere aufschlussreiche Rubriken: Todesanzeigen. „Im hohen Alter sanft entschlafen." Ach wie schön! Wünschte ich mir ebenfalls einmal. Doch mehr und mehr waren auch andere Töne zu vernehmen: „plötzlich und unerwartet".

„Mögen sie ebenfalls in Frieden ruhen!", sagte St. Petrus.

Und plötzlich, aber nicht unerwartet, standen sich zwei Lager gegenüber: Die, die alles und alle durchimpfen wollten auf biegen und brechen, und die, die durch ihre störrische Weigerung, sich impfen zu lassen, die Pandemie angeblich erst recht anheizten als „Pandemie der Ungeimpften". Aber dann waren sie es, die vor „medizinischen Notfällen" bewahrt blieben. Irgendetwas stimmte da nicht! Seltsam war nur, dass niemand darüber redete. „Erinnert das nicht sehr an die Spanische Grippe?", fragte ich Petrus.

Eine Ähnlichkeit war nicht von der Hand zu weisen. Nur dass es wohl etwas geschickter ablief diesmal, damit medizinische Notfälle nicht allzu krass auftraten und zu auffällig wurden.

Aber „Medizinischer Notfall" war einfach nur eine geschönte Bezeichnung für Infarkt und

Exitus. Und das brachten sie auf vielerlei Art zustande.

Alte Menschen in ihren Heimen wurden weggesperrt, wie in Gefängnissen. Totale Isolation und absolutes Besuchsverbot selbst von den engsten Angehörigen wegen der angeblich riesenhaften Ansteckungsgefahr. Damit war für die Alten jede Verbindung zur Welt unterbrochen. Wenn sie vor lauter Kummer starben, erschienen sie in der Rubrik „Coronatote". Für die, die das Sagen hatten, ein Anlass, die Regeln noch strenger zu handhaben.

In der eigenen Verwandschaft hatten wir das. Als Pflegefall im Heim besuchte meine Cousine ihren Mann jeden Tag. Als er totalisoliert wurde, konnte sie ihn nicht mehr sehen, was sie auch unternahm in der Angelegenheit. Bis sie ihn dann endlich doch zurückhaben durfte: Als Asche in seiner Urne. Wenn argumentiert wurde, er wäre eh dement gewesen, musste das nicht bedeuten, dass die Innenwelt der Gefühle ausgelöscht war. Was blieb einem Menschen in der Totalisolation dann noch übrig als zu sterben in seiner Verlassenheit?

Ähnlich übel wurde den Schulkindern mitgespielt, indem sie für lange Zeit zu Gesichtslosigkeit und Luftnot verurteilt waren hinter ihren Masken. Masken, bei denen von vorneherein klar war, dass sie nicht besser schützen als ein Weidezaun gegen eine Fliegenplage. Was den Verantwortlichen bewusst war, und doch haben sie es befohlen. Nach Jahren erst haben sie es zugegeben, zugeben müssen.

Die absurdesten Vorkommnise wurden gemeldet, spielende Kinder, die sich angeblich nicht an den Lockdown hielten, mit Helikoptern gejagt. Als ob es nichts besseres zu tun gäbe. Und von den nutzlosen, milliardenfachen sogenannter Tests gar nicht erst zu reden. Aber niemand spricht davon.

Ärzte waren dabei die Erfüllungsgehilfen. Die, die sich aus Gewissensgründen sperrten, mussten damit rechnen, Besuch von der Polizei zu bekommen und hinter Gittern zu verschwinden. Die befohlene Impfstrategie in Frage zu stellen, war ein schlimmeres Verbrechen als Vergewaltigung und Totschlag.

Die Kirchen bliesen in das gleiche Horn; sie schlossen ihren Lieben Gott ab und niemand, der nicht zertifiziert war, hatte Zutritt. Und „zertifiziert" hiess: geimpft und geboostert. So einfach war das.

„Unsinn!", sagte St. Petrus. „Die Kirchen haben schon lange keinen Lieben Gott mehr. Also können sie ihn auch nicht abschliessen. Ihr Lieber Gott war die Obrigkeit, und wenn sie irgend konnten, machen sie sich selbst dazu."

Für solch eine Aussage landete man früher auf dem Scheiterhaufen. In der Jetztzeit sind es die medialen Scheiterhaufen, die brennen. Da kommt es darauf an, ein wie dickes Fell man hat, um zu überleben. „Ich nehme an, St. Petrus, du hast ein dickes Fell?", sagte ich.

„Das wird sich zeigen", gab er zurück. „Aber es ist eh nicht meine Aufgabe, etwas zu sagen. Das müsst ihr Menschen selber tun. Wenige leuchtende Ausnahmen gibt es ja, kirchliche Würdenträger, die standhaft geblieben sind, Rufer in der Wüste. Mögen sie gehört werden! Aber sie sind längst exkommuniziert."

„Aber wie kann das alles nur zugelassen werden von – "

„Sprich es nur aus, das Unwort, das überall verpönt ist. Bei dem alles getan wird, es lächerlich zu machen, vergessen zu lassen, es auszurotten ..."

„ – Gott! Schöpfer des Universum. Aber es gibt ihn doch, oder?"

Kernfeste Materialisten argumentieren, dass es Ihn gar nicht brauche, weil eh alles in der Ursuppe der Weltmeere entstanden ist aus Molekülen, die sich zusammengetan haben zu einer Zelle. Und daraus zu der ganzen Welt.

Rein aus Zufall Aber wer hat dann die Weltmeere selber gemacht?

„Gute Frage!", sagte Petrus, „Wenn Blumen
und Schmetterlinge draus geworden sind,
warum nicht gar ein Autopneu aus dem Nichts,
wenn man schon an Zufall glaubt. Die atoma-
ren Bausteine sind überall die gleichen."

„Ich verstehe nur eines nicht dabei", beharr-
te ich. „Warum hat Gott die ganzen Missstände
geduldet, die sich eingeschlichen haben, Grau-
samkeiten und Lügen? Ist ihm da die Schöpfung entgleist?"

„Überhaupt nicht", sagte Petrus. „Nimm die
Berge. Wenn es nur Höhepunkte gibt und keine
Tiefen und Abgründe, bleibt von den schönsten
Bergen nichts als ein flaches Einerlei, auf dem
die Wesen entlangschleichen, ohne je etwas
anderes zu sehen. Gott hat die Abgründe mitge-
schaffen, mitschaffen müssen, damit überhaupt
eine richtige Welt entsteht. Und dass man dabei
abstürzen kann, war der Anlass, überhaupt erst
aufzuwachen. Siehst du, wohin es hinausläuft?"

Ich ahnte es.

„Wenn es nur das Gute gäbe in der Welt,
wäre nie jemand motiviert, auch nur einen
Finger zu rühren. Alles regelte sich von alleine,
frei Haus und gratis. Man müsste nur seinen
Mund weit genug aufsperren und die gebra-

tenen Tauben flögen stracks hinein."

Sankt Petrus liebte deftige Vergleiche. Kein gut gegen böse, also auch keine Wahrheit gegen Lüge. Nur ein ewiger Schlaf der Gerechten ohne jegliches Aufwachen. „Würdest du in so einer Welt leben wollen?", fragte er.

Die Sache wollte bedacht sein. Ich würde auf den Tisch hauen, wenn's zu bunt wird. Doch bunt gäbe es dann nicht mehr, höchstens grau. „Könnte Gott nicht das Böse nur ein bisschen zulassen? Damit man ab und zu ein Erfolgserlebnis hätte mit einer gutenTat?", fragte ich.

„Lügen und Untaten light, im Kuschelmodus sozusagen? Glaubst du, Frodo hätte es jemals geschafft bis Mordor im Kuschelmodus, um den Ring des Bösen zu vernichten?, um bei einem bekannten Beispiel zu bleiben. Vergiss es! Entweder ganz oder garnicht!"

„Aber das ist doch ungeheuerlich!", begehrte ich auf. „Jetzt haben sie wieder Krieg, Hunderttausende junger Männer sind gefallen, und zahllose Opfer unter der Zivilbevölkerung – unfassbar!"

„Sie sind bei uns jetzt, ihre Leiden sind vorbei, es geht ihnen gut. Aber bezahlen werden dafür die im Hintergrund, die alles angerührt haben! Und für die, die leben, ist es ein Grund, aufzuwachen, auch wenn sie noch weit vom

Schuss sind. Könnte sein, dass sie dasgleiche sonst vor der eigenen Haustür haben."

13 Was mir ewig unverständlich bleibt, ist, wie das Land, in dem ich aufgewachsen bin, das mich durch seine Sprache und Kultur geprägt hat, – auch wenn ich später durch eine liebenswerte Vertreterin ihres Landes eine andere Kultur schätzen lernte –, Deutschland, das Land, das einmal geachtet war als das Land der Dichter und Denker, innerhalb von Jahrzehnten, von nicht einmal hundert Jahren, verkommen konnte zum Bösewicht der ganzen Welt, zum Abschaum der Menschheit, der nichts anderes konnte, als Weltkriege vom Zaun zu brechen. Gnadenlose Vernichtung war die einzige adequate Antwort darauf, vor allem von Frauen und Kindern.

Ich war damals dabei gewesen, Dresden, Februar 1945. Was sich da abspielte, hätte gelangt, für alle Ewigkeit den Glauben an das Gute zu verlieren, hunderttausende verbrannt im Feuersturm von tausend anfliegenden Bombenflugzeugen. Ich war noch zu klein, um zu verstehen. Verstehe ich es heute? Meine Mutter, die mich behütete, hatte einen Schock bis an ihr Lebensende.

Militärisch hatte die Sache keinen Sinn

gemacht, weil es keine kriegswichtige Ziele gab, es war nur der blanke Terror gegen die Zivilbevölkerung, um so viele wie möglich auszurotten nach der Devise "Deutschland muss zugrunde gehen", die verbreitet wurde.

Und so wurde jede Nacht eine andere deutsche Stadt in Schutt und Asche gelegt, während die Männer in den grossen Krieg gehetzt wurden gegen den bösen Feind im Osten.

Wie später bekannt wurde, hatten unsere amerikanischen "Befreier" in den Rheinwiesen Hunderttausende Gefangener zusammengetrieben und hungers verrecken lassen. Und zumindest in ihren Schubladen lagen Pläne, dem restlichen Volk der Bösewichte das gleiche anzutun.

Vielleicht wäre es auch dazu gekommen, wenn nicht ein noch grösserer Bösewicht im Osten erstanden wäre, wo er sich auch heute noch befindet, und der alte in der Mitte, den sie gerade erst in Grund und Boden gebombt hatten, wieder gebraucht wurde als Hilfs-Truppe für Kalte Kriege. Eine Rolle, die er für viele Jahrzehnte brav ausgeübt hat.

„Warum, Petrus, musste das sein? Kannst du das mal erklären?" Und warum Deutsche in anderen Ländern ebenfalls Greueltaten begehen mussten? Und warum tatkräftig geholfen worden war, einem sog. Dritten Reich, als Nachfolgestaat eines ausgeplünderten Landes nach einem aufgezwungenem und verlorenen 1. Weltkrieg, über verdeckte Kanäle finanzielle und militärische Mittel zukommen zu lassen, um einen neuen, 2., Weltkrieg anzuzetteln, das verhasste vergleichsweise winzige Deutschland gegen die ganze grosse Welt? Jedenfalls musste von jemandem ausserhalb die Sache gewaltig angeschoben worden sein.

Einen Anschauungsunterricht besonderer Art erhielt ich dazu, als ich für längere Zeit in Südafrika lebte. Ich wohnte damals in der kinderreichen Familie eines Arbeitskollegen in Kapstadt. Von der südafrikanischen Regierung war noch kein Fernsehen im Land zugelassen worden. Was lag näher, als den Hunger jugendlicher Gemüter nach bunten Bildern mit Comics zu befriedigen. Sie lagen in Haufen herum.
Was war zu sehen bei näherem Hinschauen? Der Zweite Weltkrieg tobte mit unverminderter Heftigkeit weiter in Kapstädter Kinderzimmern, 20 Jahre nach seinem Ende! Damit das Gute siegte, brauchte es immer auch einen Bösen. Im vorliegenden Fall war das "Bloody Jerry", also der abscheuliche, grausame, tierische Deutsche, der zwar clever genug war,

die Welt in Brand zu setzen, aber doch nicht clever genug, um seiner gerechten Strafe zu entgehen. Bloody Jerry wurde mit Kugeln durchsiebt, in die Luft gesprengt und atomisiert. Seltsam nur, dass er in der nächsten Fortsetzung voll wieder mit dabei war.

Seltsam jedoch auch, dass meine Nachbarn und Arbeitskollegen in mir den typischen Deutschen zu erkennen behaupteten, ohne mir das jemals übel zu nehmen.

Um zündende Comics zu machen, wurde auch ein verruchter Bösewicht gebraucht, damit es spannend wird. Einverstanden! Immer nur Micki Maus wäre langweilig. Aber dass es so elendig penetrant sein musste? Steckten hinter solchen Erzeugnissen auch die gleichen, die die alte Agenda der Vernichtung verfolgten?

Ich habe einiges von der Welt gesehen, doch nirgendwo ist mir dieser Deutschenhass entgegen gekommen, ausser in Deutschland selber. Die Menschen wurden dazu gebracht, sich selber zu hassen, ihre eigene Kultur.

Nur noch eine einzige Sicht der Dinge wurde zugelassen und jeder mit einer abweichenden Meinung mit einer medialen Keule erschlagen. Inzwischen ist es noch einfacher, weil es langt „Rechts" zu sagen und schon wissen alle Bescheid: Aha, Abschaum der Gesellschaft. „Muss das immer so bleiben, Petrus?"

„Ja", meinte er, „So etwas passiert eben bei einer Umerziehung. Die Menschen sind medienhörig. Wenn sie anfangen, selber zu denken und nicht alles schlucken, was ihnen serviert wird, wird's besser."

„Es wird ewig gehen, das Umdenken!", sagte ich. – „Nein!", sagte Sankt Petrus. „Alle Lügen müssen zusammenbrechen und das vielleicht schon ziemlich bald. Spätestens wenn das System abgewirtschaftet hat. So, wie sie tun, kann es nicht mehr lange dauern. Und dann kommt der Neuanfang."

Bis dahin jedoch war es noch eine unerquickliche Angelegenheit. „Erzähl uns lieber etwas von Südafrika. War da nicht auch etwas zusammengebrochen?", sagte Petrus.

Südafrika. Es war die Zeit der Apartheid, als ich dort war. Sowie das Flugzeug landete in Johannesburg, hatte man sich seiner Hautfarbe bewusst zu sein. Man hielt sich getrennt in Verkehrsmitteln und öffentlichen Gebäuden, in Wohngebieten, auf Toiletten und in Restaurants. Überall musste auf die Schilder geachtet werden, dass man sich richtig einordnete nach Weiß oder Nicht-Weiß. Meine Haut war weiß. Schon am ersten Tag verpasste ich mehrmals den Bus, mit dem es hatte weitergehen sollen und wurde weggewiesen, Anfänger, der ich war, alles falsch machte und noch nicht richtig zwischen weiss und nicht-weiss unterscheiden konnte. Für die Weiterreise nach Kapstadt waren Züge und Flüge ausgebucht. Es ging eh nur ein einziger Zug am Tag. Selber Schuld, warum hatte man kein eigenes Auto? Diese Frage wollte öfters beantwortet sein, als ich mich per Autostop auf den Weg machte, auf der Straße zwischen den hohen Abraumhalden der Goldbergwerke im Süden von Johannisburg – vor mir tausend Meilen und immer die gleiche steppenartige Landschaft, das Highveld.

Es waren in der Hauptsache Farmer, die mich mitnahmen. Sie sprachen afrikaans, einen alten holländischen Dialekt, konnten aber genauso gut englisch. Sie erzählten von dem leeren Land, das ihre Vorfahren in großen Trecks mit Ochsenwagen erschlossen hatten. Bis sie dann, von Süden kommend, auf von Norden vordringende schwarzafrikanische Stämme stießen und in blutige Kämpfe verwickelt wurden. Sie konnten diese Kämpfe für sich entscheiden, aber hundert Jahre später war das Wachstum ihres Volkes hoffnungslos ins Hintertreffen geraten gegenüber dem der afrikanischen Bevölkerung. Und das ließ auf künftige Umwälzungen schließen.

Einen Tag und eine ganze Nacht fuhren wir, wechselnde Fahrer und ich, und gespenstisches Wetterleuchten zuckte über die weiten Horizonte, ohne dass ein Gewitter kam. Und auch die Frage nach der Zukunft des Landes, die alle ohne Ausnahme bewegte, blieb im Ungewissen hängen. Der letzte Fahrer ließ mich dann im ersten Morgenlicht in der Ebene vor Kapstadt aussteigen, aus der das Massiv des Tafelberges gewaltig aufstieg.

Ich war im Land vieler beruflichen Möglichkeiten. Personal wurde gesucht beim Bau neuer Eisenbahnstrecken durch die Wildnis und es gab Angebote, auf Frachtschiffen als Maschinist die afrikanische Küste entlang zu schippern. Doch vorerst reparierte ich Autos wie gehabt, bog Unfallschäden zurecht und lernte die neue Kultur und Sprache kennen. Jeden Tag führte der Weg zur Werkstatt durch das bunte Völkergemisch in der Innenstadt.

Um Kapstadt und seine Umgebung zu erkunden – ein Paradies für allerlei Naturburschen – waren Gleichgesinnte schnell gefunden im „Boardinghouse", einer Herberge, in der junge Menschen eine günstige Unterkunft hatten. Die Wirtin bekochte ihre Kundschaft und schaute auf die Einhaltung der Hausordnung. Was im Klartext hiess: Keine Frauenbesuche! Wobei niemand etwas gegen weisse Frauen gehabt hätte. Aber die wenigen, die es gab, waren anderweitig vergeben. Und die anderen waren Nicht-weiss, also verboten per regierungsamtlichen Immorality-Act.

„Hätte", sagte Petrus, „nicht jeder unbedarfte Soziologiestudent im 1.Semester sich an den Fingern abzählen können, dass die Sache auf Dauer nicht gut geht?"

„Das hättest du die Regierung fragen müssen," sagte ich, „falls es dir nichts ausgemacht hätte, dafür in den Knast zu gehen." Das letztere war natürlich nur ein kleiner Scherz, so schnell würde St. Petrus von niemandem in den Knast gesteckt.

Er lächelte. „Dich selber betraf die Angelegenheit ja nicht," sagte er, „weil Frauen zwar durch deine Träume geisterten, aber nicht in deiner Aussensphäre. Noch nicht, oder?"

Um auch das nicht-weisse Afrika kennen zu lernen, fuhr ich manchmal dorthin, nach Mowbray, einem Stadtviertel, in dem nur Coloureds wohnten. Es waren nur wenige Stationen von Central Station aus. Man war in einer anderen

Welt, sehr afrikanisch, anders als die gepflegten weißen Quartiere.

Alles ließ sich in der Dunkelheit nicht erkennen, aber es war recht lebendig. Das Volk auf den Strassen, Verkaufsstände rechts und links, Früchte vor allem, Kabel kreuz und quer, an denen Lampen hingen. Stimmengewirr, aber auch erstaunte Blicke, was ich hier tat. Als Weisser gehörte man nicht hierher.

Ich geriet in ein Gewirr von Treppen und Durchgängen, konnte aber niemandem erklären, was genau ich wollte und schlenderte ziellos durch die bunte Menge mit dem Gefühl, ich müsse hundert Jahre in Afrika bleiben, um es wirklich zu verstehen.

Die Coloureds waren die größte Bevölkerungsgruppe am Kap, ein Mischlingsvolk, entstanden während der jahrhundertelangen Administration der holländischen Ostindien-Company. Kapstadt war die Basis der Flotte für den Handel mit Südostasien, Menschen waren herbeigeströmt, Inder und Malaien, oder wurden gebracht als Sklaven, die später ihre Freiheit erlangten. Alle vermischten sich miteinander, mit der einheimischen Urbevölkerung und mit Europäern.

Der größere Teil der nordeuropäischen Zuwanderer jedoch unterwarf sich nicht der Kap-

Administration und zog auf eigene Faust nach Norden, gründete eigene Staaten, die nach der Entdeckung der größten Gold- und Diamantvorkommen der Welt ein explosionsartiges Wachstum nahmen, dann aber von den Engländern in den gnadenlosen Burenkriegen annektiert wurden. Es war der junge Churchill, der sich hervortat in der Ausrottung des Gegners, vor allem Frauen und Kinder. Dergleiche Churchill, der 43 Jahre später die Vernichtung von Dresden befahl, mit all den Flüchtlingen aus dem Osten, Frauen und Kindern. Sowie zahlloser weiterer Städte.

In Südafrika entstand später die Südafrikanische Union, in der die Nachkommen der weissen Siedler, die Buren, die politische Macht erlangten. Das war die Geburtsstunde der Apartheid, die zu meiner Zeit dort noch keine 20 Jahre zurücklag und doch das Leben bis in alle Fasern durchdrang. Ein weißes Volk wollte sich behaupten in den Völkerschaften der Mischlinge, der ansässigen Inder und den von Norden eindringenden schwarzafrikanischen Stämmen der Bantu.

Die Sache entwickelte eine zweigleisige Dynamik. Die Repressalien gegen Andersdenkende wurden immer verbissener und Dissidenten weißer und schwarzer Hautfarbe gingen ins

Gefängnis. Im Alltag dagegen versuchte man miteinander zu leben, so gut es ging.

Die Forderung nach Toleranz fing schon an vor der eigenen Haustüre, in einem gutsituierten weißen Quartier. Rechts und links in der Strasse parkten die Fahrzeuge. Manchmal verging keine Nacht, in der sie nicht durchforstet wurden nach brauchbaren Dingen von dunkelhäutigen Besuchern. Waren sie verschlossen, wurden die Scheiben eingeschlagen. Machte man eine Meldung bei der Polizei, hatten sie nur ein müdes Lächeln dafür: Wer war auch so naiv, sein Auto abzuschließen! Man war eben noch nicht vertraut mit den Spielregeln! Am besten, man nahm die Sache locker, die anderen waren in der Mehrzahl.

Natürlich war die Polizei auch im Einsatz, aber mit einer gewissen Zurückhaltung. In den oberen Stockwerken eines Gebäudes in der Innenstadt gab es einen Wohnungseinbruch. Die Täter wurden überrascht, flohen über die Dächer, stürzten ab und waren tot. Die Sache machte Schlagzeilen im „Cape Argus". Die Polizei bedauerte den Vorfall; man wusste, wie schnell so etwas aufgegriffen wurde nicht nur vom Lokalblatt, sondern auch von der internationalen Presse als ein weiteres Indiz für die Unmenschlichkeit des Systems.

Auch sonst war eher Gleichmut angesagt: Ein Fahrzeug fuhr mit Schwung in eine Parklücke, dass es knallte und das nicht schlecht. Der Fahrer setzte etwas zurück, schaute sich die Sache an mit den Händen in den Hosentaschen und schlenderte davon. Das war zwar nicht der Normalfall beim Einparken, aber solche Dinge wurden recht unverkrampft gehandhabt. In der alten Heimat wäre das zumindest Fahrerflucht gewesen.

Ein anderes Mal war ich mit einem Abschleppfahrzeug auf einer Kreuzung. Eine amerikanische Uralt-Limusine hatte ihren Unfallgegner zu Schrott gefahren. Die Polizei schaute sich das gerade an: Keine Bremsen und keine Versicherung, geschweige denn TÜV. Nichts zu machen! Personen waren nicht zu Schaden gekommen und beim fehlbaren Fahrer war augenscheinlich nichts zu holen. Also gingen sie wieder, ohne Kommentare bezüglich der Hautfarbe.

14   Ich hatte Südafrika gemocht, doch die Gelegenheit dazu war bald vorbei. Anfangs war es gesundheitlich einigermassen gegangen. Dann wurde es schlechter mit mir. Asthma, das sich von Woche zu Woche verschlimmerte. Kein Arzt konnte helfen. Der Chef der Firma, die mich beschäftigte, begann sich Gedanken zu machen. Er hatte bodenständige Ansichten zum Thema Arbeitsmoral. Hielt man sich an die Regeln, war er zufrieden. Doch er wird kaum zufrieden gewesen sein mit jungen europäischen Zuwanderern, die auf einmal nicht mehr in der Werkstatt erschienen. Was war mit mir los?

Dabei hatte ich das gleiche schon einmal erlebt auf einer Reise Richtung Iran und Syrien. Ich hatte die vorgeschriebenen Impfungen in Istanbul machen lassen. Danach wurde ich zunehmend so elendig krank, dass ich mich kaum noch auf den Beinen halten konnte. Die Zusammenhänge mit den Impfungen erahnte ich erst viel später.

Auch für die Einreise nach Südafrika waren Impfungen vorgeschrieben gewesen und jetzt holte mich die Vergangenheit ein.

In Kapstadt wusste ich nicht mehr wie weiter und lag wie ein Fisch auf dem Trockenen, 24 Stunden am Tag. Einige Male brachte man mich in das Groote Schuur-Hospital, in dem später die erste Herz-Transplantation stattfand. In irgendeiner Ecke kauernd, bis man Zeit hatte, war mein Fall weniger spektakulär. Eine Spritze brachte mich wieder auf die Beine, nur damit bald schon das Elend von Neuem anfing. Sie konnten mir auch keine Medikamente mitgeben, keine, die halfen.

Ich war umgezogen und lebte in der Familie eines Arbeitskollegen, die mir in ihrem Haus ein Zimmer überliess. Es war in den endlosen Suburbs gelegen, in einer der vielen Vorstädte, die sich in der Ebene vor Kapstadt ausdehnten. Von der Küchentür aus hatte man freie Sicht auf das ganze Panorama des Table Mountain, rechts und links davon Lion's Head und Devil's Peak. Ein umwerfender Anblick! Aber ich war schon umgeworfen, sass auf der Türschwelle, wenn die Familie auswärts war, keuchte von einem Atemzug zum anderen und verzweifelte am Leben.

Das feuchte Wetter war auch nicht hilfreich. Vor der Garage stand mein Auto, fertig gepackt mit allen Habseligkeiten – nur noch der Zündschlüssel war zu drehen, um die Fahrt zu starten in das Hochland von Südwest-Afrika, in dessen Klima Linderung zu erhoffen war.

Wochenlang fehlte mir die Kraft dazu, es blieb nichts übrig als abzuwarten und sich durch die Tage zu quälen. Dann – wie bei einem wolkenverhangenen Himmel, bei dem plötzlich die Sonne durchbricht – ging mein Atem etwas weniger schwer. Es konnte endlich losgehen! Nach 20, 30 Meilen fing die Straße an zu steigen in die Hochebene der Karoo. Ich fuhr ohne anzuhalten und fuhr meinem Elend davon.

Es ging tatsächlich besser. Vielleicht war mein Körper mit den Giften fertiggeworden. „Du weisst, dass zu dem Thema noch mehr zu sagen wäre? Aber das würde Pharma nicht passen, inzwischen haben sie Medikamente und für sie ist das ein gutes Geschäft", sagte Petrus.

Der abrupte Klimawechsel mochte ein Übriges zum Guten getan haben. Das Kühlfeuchte des Kapwinters ging über in das Heißtrockene der afrikanischen Hochländer. Es wurde so heiß, dass auf der Straße, die schnurgerade nach Norden lief, der Asphalt weich war von der brennenden Sonne. Es war Südwest, die ehemalige deutsche Kolonie, heute Namibia; ein leeres Land, in dem man stundenlang kaum einem entgegen kommenden Fahrzeug begegnete. Die Hitze auf dem Asphalt zog die Schlangen an, die sich auf der Straße ausstreckten. Das ging nicht immer gut, schwarze Schlangen auf schwarzem Asphalt bei zügiger Fahrt waren kaum rechtzeitig zu erkennen. Einige hatten ihr Sonnenbad teuer bezahlen müssen, aber es war nicht ratsam zu halten. Es waren Giftschlangen.

Kurz vor Windhuk, zwei Tage später, war

eine Raststätte. Der magere Verkehr konnte unmöglich für sie eine Existenz abwerfen, es war mehr ein Treffpunkt der Ansässigen der Umgebung. Alle sprachen deutsch! Sie konnten mich nicht recht einordnen zuerst. Wir redeten die gleiche Sprache, aber irgendwas fanden sie fremdartig an mir. Vielleicht irritierte sie etwas speziell Deutsches, das mir noch anhaftete.

Ein Ziegeleibesitzer lud mich ein, bei ihm zu übernachten. Das Haus war leer, die Familie auf Deutschlandbesuch und wir saßen auf der Terrasse in der Dunkelheit. In einiger Entfernung brannte ein Licht im Hauseingang. In der Luft erhob sich ein vielfältiges Surren, das weiterschwirrte in Richtung Lampe. In ihrem Schein sah man dunkle Punkte gegen ihr Glas klatschen und herunterfallen. Am Boden bildete sich ein Hügel, der größer wurde. Es waren abgestürzte Maikäfer zu Tausenden.

Die meisten waren nicht zu Schaden gekommen, rappelten sich auf und suchten aufs Neue ihren Weg zum Licht. Man solle sich nichts daraus machen, sie auch im Bett vorzufinden, meinte mein Gegenüber; um diese Jahreszeit wären sie allgegenwärtig, die Flug- und Krabbeltierchen. Es war Oktober, also Frühling.

Mein Gastgeber hatte viel zu erzählen. Auf die Frage nach den Schlangen meinte er, sie lebten eher versteckt, wenn sie sich nicht auf der Straße sonnten. Eine unverhoffte Begegnung könne jedoch tödlich enden. Am gefürchtetsten war die Schwarze Mamba. Er hatte eine Geschichte parat von eben dieser Mamba in einem Küchenschrank – war es bei ihm selber? Alles war in helle Panik geraten, bis ein Schuss hineingefeuert wurde. Die Mamba hatte nicht überlebt, das edle Porzellan auch nicht.

Ich schwärmte von der Weite des Landes. Er lud mich ein, ebenfalls anzusiedeln und ein Haus zu bauen, unbelästigt von jeglicher Art von Bauvorschrift. Er würde eine Ladung Ziegel liefern, und es könne gleich losgehen.

Doch gab es noch andere Aspekte. Ein Feierabendspaziergang in dem felsigen Gelände, das mit lockerem Buschwerk bewachsen war, könne nur bewaffnet empfohlen werden, hieß es. Es war wegen der frei lebenden Pavianherden. Eigentlich waren sie friedlich, aber was, wenn sie sich bedroht fühlten, oder etwas Essbares witterten, das sie gerne gehabt hätten?

Von der Kap-Provinz her waren sie noch in Erinnerung, mit gebührendem Respekt vor ihrem ansehnlichen Gebiss, bei dem schnell ein Finger oder mehr fehlen konnte, geriete man mit ihnen in ein Handgemenge. Sie hielten sich gerne auf Parkplätzen von Aussichtspunkten auf und waren gewöhnt, dass man Brot für sie dabei hatte. Gab es nichts, halfen sie sich selbst, falls jemand so unvorsichtig war, sein Fahrzeug offen zu lassen. Was sie fanden, nahmen sie mit und begaben sich in die Bäume. Der Besitzer konnte dann warten, was sie beim Visitieren von Brief- oder Kamerataschen als ungenießbar herabfallen ließen.

Windhuk, die Hauptstadt, bestand damals aus der großen Geschäftsstraße, der Kaiserstraße, und vielen umliegenden Gartenhäusern. Eingangs der Stadt lag der „Westfälische Hof". Man wurde bedient von einer blonden jungen Frau, die deutsch sprach. Hausmannskost wie bei Muttern. Wo gab es das sonst in dem weiten Afrika?

Auf dem Postamt fand sich im Telefonbuch die Adresse einer Autowerkstatt und nach einem Anruf kam der Chef persönlich, mich als seinen neuen Mitarbeiter abzuholen, mit grosszügigen Konditionen. Ein paar Tage später fand ich ein Zimmer bei einer deutschen Familie, die nie in Deutschland gewesen war. Die Vorfahren waren als Kolonisten ins Land gekommen, gleich wie bei einem Großteil der Windhuker Bevölkerung. Das Zimmer hatte einen eigenen Zugang und eine Terrasse. Zu dem Wohnbereich der Wirtsfamilie und dem üppigen Garten mit seinen rosafarbenen Blütenbüschen war jedoch kein Zutritt.

Die Werkstattarbeit nahm andere Dimensionen an als in Deutschland. Dort mutierten Bagatellschäden schnell zum Totalschaden, weil die Reparaturkosten den Zeitwert überstiegen. Die Automobilindustrie flutete den Markt eh lieber mit Neuwagen. In Namibia jedoch mussten Fahrzeuge teuer importiert werden und wurden also auch nach schweren Unfällen repariert.

In die Werkstatt kamen Fahrzeuge, an denen kein unverbeultes Blechteil mehr war, nachdem sie sich überschlagen hatten: Man tat sein Möglichstes. Ein Fahrzeug, bis in den Fahrgastraum zerknautscht nach einer Frontalkollision: Man suchte auf dem Autofriedhof nach einem gleichen Modell mit intakter Front. Die Autos wurden auseinander geschnitten und neu zusammen gesetzt, eins aus zwei. Der Autofriedhof war ein weitläufiges Gelände in der Steppe, wo alles gelagert war, was einmal vier Räder hatte.

Ein Fahrzeug kam, bei dem nach einer Kollision ein ganzes Rind durch die Windschutzscheibe ins Innere geflogen war. Vor der Reparatur gab es eine Menge zu putzen und man fragte lieber nicht, was aus dem Fahrer geworden war. Einmal kam der Chef mit bedenklicher Miene und brachte einen lackglänzenden Neuwagen der gehobenen Klasse, an dem sich nicht ein Kratzer befand. Nur dass keine einzige Türe mehr passte. Die Spalten waren zwei Finger breit und das Fahrzeug in sich verdreht wie ein Korkenzieher, nach dem Sturz über eine Geländekante des Straßenrandes, bei dem es wieder auf seinen Rädern gelandet war, nur etwas unsanft. Nach der Verankerung des Fahrzeugchassis war der richtige Punkt zu finden zum Ansetzen einer schweren Presse, um mit dem Gegendruck die Verdrehung rückgängig zu machen, ohne einen Hammerschlag.

Ich arbeitete mit einem schwarzen Helfer zusammen. Ben hieß er, war ein Kerl wie ein Baum und immer guter Laune. War auf einer Missions-Station aufgewachsen und sprach fließend deutsch. Daneben noch mehrere Stammessprachen mit ihren Knack- und Schnalzlauten. Er war ein Sprachtalent wie alle seinesgleichen und hatte einen großen Wunsch: ein eigenes Fahrzeug.

Man hätte ihm helfen können, günstig eines zurechtzumachen wie meinen VW-Käfer, robust und spritzig. Aber das entsprach nicht seinen Vorstellungen: Er hatte ein Ungetüm von einem amerikanischen Schlachtschiff im Visier, geländegängig wie ein Walfisch auf dem Trockenen, uralt und damit zahlbar nach seinen Berechnungen. „Mensch Ben, mach das bloß nicht", war mein Einwand, „die Karre fällt dir unterm Hintern zusammen, du weißt doch, wie teuer Ersatzteile sind."

„Aber Master", sagte er – es war mir nicht recht, dass er Master zu mir sagte, aber das war die Gepflogenheit – „ich brauche einfach ein großes Auto, für die Frauen und die Kinder …" Ben lebte außerhalb in einem Gebiet mit alten Stammes- Traditionen. In den Hütten hatten die Frauen das Sagen und zogen die Kinder auf, die sich einstellten. Für den äußeren Rahmen sorgten die Männer. „Master", sagte Ben, „wenn ich ein paar Rinder verkaufe, dann langt's." – „Bist du verrückt Ben, das kannst du doch nicht machen! Was sagen die Frauen dazu, wenn die Tiere verkauft sind! Von was sollen sie leben?" Er sah es ein und für eine Weile war wieder Ruhe. Aber die Faszination für große Autos blieb.

Damit allerdings war er nicht der einzige. Ein Ferrari der Spitzenklasse wurde in die Werkstatt gebracht. Der Besitzer hatte beim Verlassen des Drive-in, des Autokinos, beflügelt vom turbulenten Leinwandgeschehen, ein bisschen zu sehr aufs Gas gedrückt und war in das Fahrzeug vor ihm hineingeprescht. Der Ferrari war ein Stück kürzer geworden. Ersatzteile mussten aus Europa eingeflogen werden und der Eigner des 260 km/h-Geschosses stand stundenlang todunglücklich an meinem Arbeitsplatz und beobachtete jeden Hammerschlag. Es blieb nicht bei Hammerschlägen, ein Teil der Karosse vorne musste abgetrennt werden. Bei jedem Schnitt durch das Blech zitterte er, als ginge er mitten durch sein eigenes Herz.

„Na", sagte Petrus, „was wird er erst zittern, wenn der Schnitter Tod mit der Sense einmal bei ihm durch sein Fleisch schneidet und nicht nur durch sein Blech? "

Eine gemütlichere Kundschaft waren Farmer aus dem Umland, die ihre Fahrzeuge für den Dienst in schwerem Gelände nutzten. Nach der Reparatur mussten sie manchmal zugestellt werden auf eine entfernte Farm. Die Lehrlinge und Helfer erledigten das, aber einmal kamen sie nicht zurück. Vorerst jedenfalls. Es hatte unterwegs einen der extrem seltenen, aber schweren Wolkenbrüche gegeben. Die sonst jahraus jahrein ausgetrockneten Flussbetten waren voll gelaufen, und gefangen zwischen zwei Flüssen dauerte es Tage, bis es weiterging für sie.

Überhaupt das Wetter! In den sechs Wintermonaten – unserem Sommer – war nie die Spur einer Wolke am Himmel. Tagsüber wurde es heiß, aber nachts kühlte es ab, dass sich eine Eisschicht bildete auf Wasser. Im Sommer, ab Januar, fing dann die Regenzeit an. Am Morgen war der Himmel makellos blau. Am Mittag zogen die ersten Quellwolken auf, verdichteten sich zu gewaltigen Wolkentürmen und am Abend kam ein unmäßiger Platzregen, der alles wegschwemmte. Tag für Tag, es ließ sich die Uhr danach stellen. Am nächsten Morgen war der Himmel wieder blau.

Oft saß ich allein in den tropischen Nächten auf der Terrasse und hing den Gedanken nach. Der Blick schweifte über das dunkle Land, das in der Ferne in die Namib-Wüste überging. Einmal brannte dort ein Buschfeuer, dass sich jede Nacht ein Stück weiter gefressen hatte; zu erkennen an dem wie mit einer glühenden Linie gezeichneten Horizont.

Mein Sinnen ging darüber, wo ich eigentlich hin gehörte. Die Menschen hier schienen mit ihrem Deutschtum unverkrampfter umzugehen, als man es von zuhause her kannte; dabei waren die meisten noch nie in Deutschland gewesen. Mir aber waren die Empfindungen zum eigenen Volkstum, das uns prägte und Jahrhunderte zurückreichte, irgendwie aberzogen worden. Doch je weiter auf meinen Reisen ich mich von der Heimat entfernte, desto stärker waren die Wurzeln wieder zu spüren.

Die Deutsche Bibliothek in Windhuk lag auf einem Hügel mit weitem Blick über die Steppe; eine Oase der Ruhe, in der man geruhsam an einem der großen Fenster saß. Hatte man einen Wunsch, zeigte eine ältere, schon etwas ergraute Bibliothekarin freundlich den Weg zu den Bücherbeständen. Nach dem Lärm der Werkstatt verbrachte ich gerne die Abendstunden an dem Ort und lernte an meinem Volkstum in Wort und Schrift schätzen, was vorher in der Heimat so alltäglich banal erschienen war, dass man es nicht erkannt hatte. Dazu war die Entfernung von 10.000 Kilometern notwendig gewesen.

15 Meine Wirtsleute hatten ein Töchterchen von 16, 17 Jahren und sehr wohlbehütet. Gelegentlich sah man sie im Garten, doch nicht oft. Sie hatte wohl viel zu tun in der höheren Schule, die sie besuchte. Einmal jedoch, als ich gerade hinausschaute, kam sie unter mein Fenster und gratulierte mir zum Geburtstag.

Potz, wo sie das nur her wusste?

Bevor ich Windhuk verließ, bedankte ich mich bei den Eltern für die angenehme Wohnsituation. Unser Verhältnis war weniger distanziert, sondern eher herzlich. Ich hatte mich auf den Weg zur Flugpiste machen wollen, aber in den Lüften tobte ein Unwetter, und der Flug nach Johannesburg fiel aus; eine ungewöhnliche Wetterlage, die in zehn Jahren nur einmal vorkam. In Windhuk selber fiel ein kalter Nieselregen, ebenfalls sehr ungewöhnlich.

Doch man bat mich wie einen Freund des Hauses zum Abendessen in das noble Wohnzimmer, das ich vorher nie betreten hatte. Mir gegenüber saß das Töchterchen. Wie kam eigentlich der Gedanke auf, wir zwei könnten nach dem Essen noch ein wenig zusammen in die Stadt?

Wir liefen die menschenleere Kaiserstraße entlang. War wohl zu dieser Zeit halb in der Nacht etwas los, im Regen? Kaum. Was also tun? Mir war, als ob das Töchterchen gar nicht abgeneigt gewesen wäre, ein wenig enger zu flanieren mit mir. Sollte ich wohl meinen Arm um sie legen? Nur ein bisschen? Ich kannte mich da nicht recht aus.

Am Ende der Kaiserstraße, in der Nähe des Westfälischen Hofes, war ein großer freier

Platz. Auf ihm war ein Karussell aufgebaut, ein lokales Gegenstück zu dem, was bei uns eine Kirmes ist. Nur fehlten die Menschen; bei einem Blick in die Runde war kaum eine Seele zu sehen. Der dunkelhäutige Maschinist, der das Ungetüm bediente, lud uns mit einer Handbewegung ein. „One bob each", sagte er und fügte auf deutsch hinzu: „Nur ein Schilling, Mister!" Wir kletterten in eine der Gondeln, die an langen Auslegern saßen.

Wir merkten sehr schnell, auf was für eine Höllenmaschine wir uns da eingelassen hatten. Die Gondeln waren drehbar, die Ausleger hoben und senkten sich bei zunehmender Fahrt und an manchen Stellen ergab sich ein Drall, dass die Gondeln kreiselten, dass uns die Luft wegblieb. Am Anfang hielt sich jeder noch krampfhaft am eigenen Griff fest, doch bei wachsender Geschwindigkeit schleuderte uns die Fliehkraft beide zusammen auf eine Seite, dass niemand mehr wusste, hielt man sich an Griffen fest oder an irgendwelchen Körperteilen. Am Karussell gab es keinen Firlefanz grell blinkender Glühbirnen, auch keine ohrenbetäubende Musik, nur das Geratter der Maschinerie in der halben Dunkelheit, das ebenso betäubend war und uns einander näher kommen ließ, ob wir wollten oder nicht. Das Töchterchen wollte anscheinend.

Sie wollte auch noch eine zweite Fahrt. Der Maschinist setzte wieder seine Anlage in Bewegung und zeigte, was er konnte. Irgendwo musste er einen geheimen Hebel gehabt haben, der das Ding noch schneller drehen ließ. Und da er sonst nichts weiter zu tun hatte, ließ er die Fahrt andauern, dass wir meinten, sie wolle nie mehr enden. Uns verging Hören und Sehen. Aber wofür brauchte man Hören und Sehen, wenn alle Wahrnehmung nur noch aus einem erregenden Rausch bestand, dem Fühlen der in wahnwitziger Rotation aneinander gepressten Körper? Es war eine heiße Sache. Das Töchterchen glühte förmlich.

Hinterher gingen wir langsam nach Hause, nicht mehr ganz so eng, aber enger als auch schon. Der Regen war jetzt richtig angenehm, er kühlte ab. Ich wurde ein zweites Mal in die gute Stube komplimentiert, zu einem Aperitif. War es nur die Ausgeburt einer noch etwas mitgenommenen Fantasie, wenn sich der Eindruck einstellte, man wäre eventuell nicht abgeneigt gegen einen Schwiegersohn aus Deutschland? Dass ich ein solider Zeitgenosse war, hatten sie das Jahr über beobachten können, und bei Direktflügen Frankfurt – Windhuk war Deutschland ja nur einen Katzensprung entfernt. Das

Töchterchen saß mir gegenüber und glühte immer noch. Was hätte wohl aus der ganzen Sache werden sollen, wenn das Unwetter angehalten hätte und keine Flüge mehr gingen?

Das Wetter aber besann sich auf was es zu sein hatte, nämlich schön. Zwischen hohen Wolkentürmen, den Überresten der Turbulenzen, ging am nächsten Tag der Flug über die Kalahari-Wüste nach Johannesburg. Ich war an Bord. Dem Töchterchen hatte ich alles nur erdenklich Gute gewünscht. „Sehen wir uns wieder?", sagte sie, aber eine passende Antwort war mir nicht eingefallen.

Später dachte ich manchmal zurück, was hätte sein können, wäre ich geblieben. Das Land war groß und voller Möglichkeiten. Doch die Frage hatte eine Dimension, die weit über das Persönliche hinaus ging. Es gärte im ganzen Land, unterschwellig vorerst nur, aber jeder war sich dessen bewusst; keiner konnte sich dem entziehen, was da auf alle zukam. Zehn oder zwanzig Jahre mochte es noch so bleiben. Aber dreißig Jahre ... ? Es konnte nicht weitergehen wie bisher, die Rassentrennung und die unterschwelligen Ressentiments auf beiden Seiten, weiß und nicht weiß.

Was aber mag wohl aus dem „Töchterchen"

geworden sein? Das schöne Kind besass alle
weiblichen Reize, die sich ein einsamer Jungge-
selle nur wünschen konnte. Ausserdem würde
sie sehr bald kein kein Kind mehr sein. Was war
los mit mir, war ich ein Holzklotz? Sankt Petrus
meldete sich wieder einmal und sagte: „Nicht
im Geringsten! Aber es wartete etwas anderes
auf dich!" Was genau, konnte ich mir nicht
vorstellen, aber es wird schon gestimmt haben
so! Es würde sicher andere gegeben haben, sich
um das Töchterchen zu bewerben.

In meiner Erinnerung hat sich ihr Land, der
Süden Afrikas, mit einer zauberhaften Im-
pression verabschiedet. Beim Flug nach Johannesburg war das ganze Land wie mit Glitzer-
punkten übersät, die langsam aufschimmerten
und wieder erloschen, um ihr Glitzern an
andere Punkte weiterzugeben. Im Gegenlicht
der Sonne waren es die Reflexe der künstlich
angelegten Wasserreservoire ungezählter
Farmen, die tief unter uns lagen. Ein Bild des
Friedens, von dem man nur wünschte, dass er
den Menschen erhalten bliebe.
    Ein frommer Wunsch. Zu tief waren die Grä-
ben, die aufgerissen waren. Doch es gab einen
trostversprechenden Aspekt: Namibia, das ehemalige Südwest, trennte sich von Südafrika, um

einen eigenen, friedlicheren, Weg in die Zukunft zu finden.

16 Warst du eigentlich ein Spätzünder?,
sagte St. Petrus. Mir scheint, du bist ziemlich spät für die Tatsache erwacht, dass es zweierlei Gattungen von Menschen gibt, die etwas miteinander zu tun haben. Wie anders würde die Menschheit sonst fortbestehen?

Ich hätte halt gewartet auf meine Zwillingsseele, sagte ich, und vorher gab es keine, die mir hätte dreinreden können.

„Soll gelten", sagte Petrus, „zumal du ja später doch noch eine grosse Familie hattest. Aber wie hattest du sie überhaupt kennengelernt, deine Theres?"

Die Frage schien mir rein rhetorischer Natur zu sein. Denn bei dem universalen Überblick, den er in seiner Sphäre hatte, wird er es wohl selber gewesen sein, der das alles einfädelte, lange bevor wir überhaupt eine erste Ahnung voneinander hatten. „War es nicht so?"

Egal, fand er, ich solle einfach erzählen, wie es hier auf der Erde gelaufen sei, es müsse ja eine richtige Romanze gewesen sein!

War aber eher ein totales Zick-Zack! Keine Ahnung, wie ich solch einen verschlungenen Weg jemals alleine hätte finden können.

Zurückgekommen von Afrika und von anderen Reisen, war ich weit in der Welt unterwegs. Meistens ging es in Richtung Osten. Aber in dem einen Jahr hatte ich etwas anderes im Sinn: Die Teilnahme an einem Jugend-Arbeitslager, gemeinsam mit anderen etwas Sinnvolles zu tun für die Allgemeinheit. In dem speziellen Fall Umgebungsarbeiten in einer ländlichen Gemeinde in Österreich mit Pickeln und Schaufeln. Natürlich waren auch Frauen dabei.

„Achtung!", sagte Petrus.

„Garnicht Achtung", sagte ich, „vorerst jedenfalls." Aber ich kann natürlich nicht verneinen, dass mir eine junge Frau über Gebühr auffiel. Und da man den ganzen Tag zusammen war, beim Arbeiten und bei den Mahlzeiten, fiel mir auch auf, dass sie überaus attraktiv war in ihrer Jugendfrische. Sie war jünger als ich, und doch war mir, dass sie einiges wusste, was mir verborgen war. Jedenfalls sah man uns öfter zusammen. Ob es ihr richtiger Name war, sei dahingestellt; nennen wir sie einfach Alida.

„Aber es wartete jemand auf dich!", sagte Petrus.

Mag ja sein, aber die Angelegenheit war durchaus harmlos. Ausser dass ich ihr anerbot, mitzufahren mit mir nach dem Ende des Lagers in meinem alten Bus. Da wir ja sowieso den gleichen Weg hatten. Fast.

Zuerst hatte ich im Sinn gehabt, nach Ende Lager in die Türkei zu fahren, aber dann war mir eingefallen, dass ich meine Eltern schon lange nicht mehr gesehen hatte. Das war zwar genau die entgegengesetzte Richtung, aber was tat man nicht alles, um Menschen einen Gefallen zu tun. Alida wollte nach Amsterdam und das war dann nicht mehr weit.

Als ich mit meinem Vorschlag kam, sah sie mich lang und prüfend an und sagte nichts. Es waren immerhin 1000 km zusammen in einem Kleinbus. Dann sagte sie, und schaute mir tief in die Augen: „Jaaa – – – aber keine Dummheiten!!" Was Dummheiten genau waren, sagte sie nicht, aber ich hatte verstanden.

„Versprochen", sagte ich.

Hätte ich gewusst, dass jemand auf mich wartet auf einer einsamen Felsklippe in den Weiten des Atlantischen Ozeans, ich hätte mich höchlichst verwundert, wie da hinzufinden. Nicht in hundert Jahren wäre ich dadrauf gekommen. Aber das Schicksal wusste wie.

Als das Lager beendet war, begannen wir unsere Reise, Alida und ich. Mein Bus hatte schon ein gewisses Alter; auf Autobahnen war er vielleicht noch auf Touren zu bringen, damit es etwas schneller ging. Aber wer wollte schon, dass es schnell ging? Es waren eher kleine romantische Nebenstrassen, die mir zusagten – uns zusagten? Wir hatten es ganz lustig dabei.

Zugegeben, in den Nächten musste man sich etwas arrangieren, so unbeschränkt viel Platz bot der Bus auch nicht, zumal er noch mit anderen Sachen beladen war. Aber Alida hatte ja mein Versprechen. Auch wenn es manchmal eng wurde, kamen wir klar miteinander.

Wir tingelten langsam durch Österreich und Süddeutschland, blieben etwas länger, wo es uns gefiel und kehrten ein in abgelegenen Landgasthöfen, wo wir zuvorkommend bedient wurden. Ich nehme an, die Menschen glaubten, wir wären ein junges Paar in den Flitterwochen. Fast glaubten wir das selber, aber Petrus würde gesagt haben: „Nichts da!"

Nach einer Woche waren wir in der Pfalz. Alida war wie die meisten Holländer ein Sprachtalent und sprach fehlerfrei deutsch. Ab und zu kam eine lustige Wendung von ihr, über die wir beide lachen mussten. Doch in der Pfalz brauchte sie manchmal Übersetzerhilfe, wenn wir mit Leuten zu tun hatten, die voll in ihrem Dialekt lebten. Sympathisch, wenn derart Besonderheiten in einem Volk weiter existierten.

Gegen Abend kamen wir zu der Stelle, die mir aus der Paddelzeit bestens bekannt war:

das Binger-Loch. Hier verschwand der Rheinstrom in der romantischen Schlucht des Mittelrheins. Und mit ihm alle Verkehrsachsen. Uns
war das zu laut: Rechts- und linksrheinisch die
Hauptstrassen und die Haupt-Bahnlinien, über
die Autos und Züge rollten, nonstop. Wir befanden uns auf der Hunsrück-Seite und wollten
weg vom Lärm, in die Höhe.

Viel mehr als Waldwege und kleine Strassen
zu vermuteten Reb-Kulturen waren nicht zu
finden, aber es ging weiter und höher, an einem
abgestürzten Lastwagen vorbei. Bis wir endlich
auf der Höhe des Hunsrück ankamen und freie
Sicht hatten. Was für ein Ausblick! Der ganze
Rheinstrom unter uns und viel Platz, um uns
mit dem Bus auszubreiten.

Und uns direkt gegenüber auf der anderen
Talseite der Loreley-Felsen! Man hätte natürlich
sehr gute Augen haben müssen, um zu erkennen, ob das Zauberweib immer noch da sass,
und sich die Haare kämmte. Alida lächelte mild
bei der Bemerkung. Funkelnder Abendsonnenschein war eh schon vorbei, denn es ging gegen
Mitternacht. Trotzdem war es ein romantischer
Anblick im Lichte des vollen Mondes.

In der Nacht lernte ich eine neue Seite kennen von ihr. Sie, die immer so aufgestellt war
und mich gern neckte, hatte in ihrem jungen

Leben auch schon die dunklen Schatten kennen lernen müssen durch Krankheiten im Familienkreis, von denen niemand wusste, wie es weiterging. Sie sprach davon, aber wie hätte ich sie trösten können? Dass ich das alles auch einmal mit meinen Lieben erleben sollte, lag noch weit in der Zukunft. Ich fühlte meine Unzulänglichkeit und konnte ihre Fragen an das Schicksal nur nachempfinden. Dabei war sie ein Mensch, der wie prädestiniert war, einmal vielen anderen hilflosen Menschen zu helfen.

Wir blieben länger wach als sonst und vielleicht auch enger, doch mein gegebenes Versprechen lag wie ein schützender Mantel um uns. Aus den geöffneten Autotüren fiel der Blick auf die Loreley und Visionen gingen zu Leidenschaften und was daraus entstehen konnte – Romanzen oder gebrochene Herzen – doch all das lag nicht in unserer Zukunft.

Am nächsten Tag, dem letzten, war es die Autobahn, die uns am schnellsten aus dem Verkehrsgewühl um Köln heraustrug, bis nach Duisburg. Endstation. Wir gingen noch einmal nobel zusammen essen und dann war es der Hauptbahnhof. Der Intercity würde Alida im Eiltempo nach Amsterdam bringen.

Als wir eng beieinander standen auf dem Bahnsteig und die Lautsprecheransage schon die nahe Einfahrt des Zuges ankündigte, sagte sie: „Wenn wir weiter gefahren wären, hätte ich nicht länger darauf bestanden, dass keine Dummheiten passieren." Ohh! Was ging in ihr vor? Und was in mir? Doch gebrochene Herzen?

Aber Alida lächelte nur sanft. Der Intercity fuhr schon ein. War ich aufgerufen, in Sekundenschnelle Entscheidungen zu treffen für das ganze Leben? Ich wusste es nicht, zumal ich nicht die geringste Ahnung hatte von einer Felsklippe im Atlantik, wo jemand wartete.

Meine Gedanken wollten sich nicht entwirren; Alida lächelte weiterhin, aber sagte nichts mehr dazu und es war mir selber überlassen, ob es etwas zu entscheiden gäbe oder nicht. Die Türen des eingefahrenen Intercity öffneten sich, Menschen stiegen ein und aus . Die Zugbegleiter schwärmten über den Perron und mahnten zur Eile.

Und dann fuhr der Zug ab und ich spürte ihre letzte Umarmung und überlegte noch lange, ob ich etwas falsch gemacht hatte, während sie einen letzten Gruss aus dem Fenster des Zuges winkte. „Vergiss es!", sagte Sankt Petrus. „Sei ihr lieber dankbar, dass sie dich auf den schnellstmöglichen Weg zu Theres spediert hat!"

„Das mit dem schnellen Weg muss ja wohl ein Scherz sein, bei all dem Zick-Zack", sagte ich.

„Zick-zack ist manchmal der kürzeste Weg", sagte er, "Wie bei den Schwalben mit ihren verrückten Flugmanövern und blitzschnellen Wendungen. Wie sonst kommen sie zu den Fluginsekten, die sie sich schnappen? Du wolltest dir doch auch etwas schnappen, oder?

Meine Eltern bekamen mich wieder einmal zu sehen. Danach war es Paris. Von dort aus hatten sie das Lager organisiert und es war etwas abzugeben. Das war zwar für niemanden sonderlich von Belang und man hätte es auch mit der Post schicken können, doch was um so mehr interessierte, waren meine Kenntnisse als Automechaniker. Ein guter Freund hatte eine Motorpanne. Totalschaden. Ob sich da nicht doch etwas machen liess? Er wohnte in Luxemburg.

Also fuhr ich. Die Kurbelwellenlager waren ausgestiegen an dem alten VW-Käfer. Damals war die Fahrzeugtechnik, zumindest bei einem Käfer, noch unglaublich einfach, keine Elektronik und andere Kompliziertheiten. Auch grössere Reparaturen liessen sich mit einer Werkzeugkiste machen und die hatte ich dabei. Der

Besitzer hatte den klangvollen Titel eines European Secretary und organisierte ebenfalls Jugendlager, ansonsten war er arm wie eine Kirchenmaus. Ich war seine letzte Hoffnung. Mangels Werkstatt grenzten wir in seiner Quartierstrasse einen Teil ab und zerlegten den Motor – Zylinerköpfe, Kolben, Pleuel, Zylinder und Kurbelwelle, säuberlich geordnet auf der Strasse ausgelegt. Neuteile von einer nahen Garage. Nach drei Tagen lief das Gefährt wieder.

Zum Dank wurde ich zum Fischessen eingeladen an die Alzette, einen verträumten Fluss, der über einen anderen in die Mosel fliesst, von dort in den Rhein, und wenn man wollte bis Rotterdam und auch über einen Kanal bis Amsterdam – Amsterdam, an was erinnerte mich das bloss? Aber es ging ja um etwas anderes. Die Fische waren lecker, frisch gefangen im Fluss mit einem grossen Netz an einer langen Stange, gleich von der Terasse aus.

Der nächste Morgen kam mit der Frage: Wie nun weiter? Mein European Secretary sagte: „Such dir was aus!" In seinem Büro hatte er eine grosse Europakarte, mit lauter kleinen Fähnchen, wo überall etwas organisiert wurde. In Mitteleuropa und Frankreich steckten sie dicht an dicht, nicht weit weg von hier ... aber dann blieb mein Blick hängen an einem einsamen Fähnchen in der Bläue des Atlantik. Wo, war nicht genau zu erkennen, aber es konnte ja nicht gut mitten im Wasser sein. Irgendwas musste sich dort befinden, eine Felsklippe. Hatte sogar einen Namen: Fair Isle. Und gehörte zu den Shetland Inseln.

„Fahr los, ich regel das mit derAnmeldung", sagte mein neuer Freund.

Bis zum Abend war ich in Oostende und reihte mich ein in die Wagenkolonne, die auf die Fähre nach Dover wollte. Bei Tagesbeginn war es England mit seinem Linksverkehr. Gewöhnungsbedürftig, aber ich kannte das schon von Südafrika. Den Tag über hatte ich zu tun, meinen Weg durch London zu finden. Ich kannte andere Hauptstädte, aber London war ein unglaublicher Moloch von einer Stadt. In den Midlands auf der anderen Seite brannten Kartoffelkrautfeuer und liessen dichte Rauchschwaden über die A1 ziehen. Irgendwann in der Nacht war meine Batterie alle und ich suchte nach einem Seitenweg, fand aber nur welche mit einem Verbotsschild.

Am Morgen wurde ich aus dem Schlaf geklopft und überlegte mir schon eine passende Ausrede. Doch es war nur der Wildhüter, der mein Berliner Nummernschild gesehen hatte und mir sagte, wie „very nice" Berlin sei. Er war als britisches Militär da stationiert gewesen. Später am Tag, an einer Tankstelle, wollte ich eine nette Bemerkung über das schöne England fallen lassen, kam aber nicht gut an damit. „Watch it, my lad", sagte der Tankwart. „Wir sind hier in Schottland und nicht in England! Verwechsel das nicht, wenn du keinen Ärger willst!" Aha!

Die Doppelmetropole Glasgow und Edinburgh, Glasgow dunkel und verräuchert, Edinburgh (auf der Rückreise) hell und licht. Dann das schottische Hochland, wo ich zwischen Steintrümmern übernachtete. Am nächsten Tag an die Küste nach Aberdeen, um den Dampfer zu erwischen zu den Shetland Inseln.

Den Bus stellte ich unter bei einer Garage. „Cost you two pound", sagte der Chef. Dafür hatte ich die Gewähr, dass gut aufgepasst würde. Das Geld wollte ich wieder einsparen, indem ich keine Kabine nahm für die nächtliche Überfahrt, doch das war keine gute Idee. Sobald das Schiff in internationalen Gewässern war, wurde Alkohol zollfrei und legal. Ein gewaltiges Besäufnis hub an, gleich wie auf skandinavischen Fähren. Ich flüchtete mit meinem Schlafsack an Deck und suchte eine halbwegs trockene Ecke. Es war windig und regnerisch.

In Lerwick, Hauptort der Shetlands, fanden sich ein Dutzend Reisende, die weiter wollten, aber die Kenner schlugen zuerst ein zünftiges Breakfast vor. In einer Seitenstrasse klingelten sie an einer gewöhnlichen Haustür, die Hausfrau öffnete, stellte sich wieder an ihren Kochherd und fragte, wer alles Ham and Eggs brauchte. Zudem waren grosse Scheiben Brot abgeschnitten und in übergrossen Cups dampfte der Tea. Jeder wurde satt, der an dem gemütlichen Stubentisch sass.

Danach wurde es Zeit, die Weiterfahrt zu organisieren zur Anlegestelle des Transportbootes nach Fair Isle, in Sumburgh Head. Die Strasse dorthin musste sich auf den letzten Kilometern den Platz teilen mit einer Flugpiste. Mitten im Nirgendwo stand eine Verkehrsampel, nach der man sich richtete, rot oder grün, wollte man keine Karambolage riskieren. Und an der Anlegestelle wartete schon die „Good Shepherd", nachdem sie die wöchentlichen Vorräte gebunkert hatte.

Bei der vierstündigen Überfahrt gehörte ich zu den Privilegierten: Ich wurde nicht seekrank. Andere hingen schon bald über der Reling und opferten den Fischen. Die senkrecht blieben, tauschten sich aus woher und wohin. Einige waren Einheimische, zurück von eigenen

Geschäften, die anderen wollten zur Bird-Observatory, einer weithin bekannten Vogelwarte. Ich lernte eine neue Sportart kennen: Bird Watching, denn Fair Isle war ein Vogelparadies. Man brauchte dazu ein gutes Fernglas und ein Notizbuch. Hatte man wieder eine seltene Art beobachtet, durfte sie ins Büchlein eingetragen werden. Es gab „Birdies", die es auf Hunderte von Eintragungen gebracht hatten. Später sollte sogar ich etwas besonderes sehen: eine Nachtigal. Nur sang sie nicht, sondern sass etwas trübselig in ihrer Falle und wartete darauf, beringt und wieder freigelassen zu werden. Sie hatte eine Ähnlichkeit mit einer etwas aufgeplusterten Amsel.

Unter derart beschaulichen Betrachtungen verging die Zeit und die Felseninsel ragte immer höher auf vor uns, bis wir in North Habour einliefen, einem kleinen künstlich angelegten Hafen in den Klippen. „Endlich," sagte Sankt Petrus, „wir warten auf das Happyend. Wie lange geht's noch?"

„Es waren immerhin noch drei Meilen zu Fuss", sagte ich, „und die wollten bewältigt sein." War man erst auf einer Anhöhe, ging der Blick weit bis ans Ende der Insel. Dort stand als Strich in der Landschaft ein Leuchtturm. Daneben eine Baracke, die zum Lager gehörte.

Ich machte mich auf.

Vorher jedoch wurde mir noch stolz der Wald der Insel gezeigt. Es waren genau vier Bäume, die in einer etwas breiteren Felsspalte wuchsen. Die Felsspalte war drei Meter tief und genau so hoch wuchsen die Bäume. Alles was darüber hinaus wollte, wurde abrasiert von den Winterstürmen.

Als ich loslief, stand zur gleichen Zeit am anderen Ende der Insel eine jemand, die in der Abendstimmung die Szene betrachtete und sah, dass langsam wer näher kam. Wie sie später sagte, – aber erst viele Jahre später, damit ich mir nichts einbildete – ‚hätte sie ein Kribbeln im Bauch gehabt und gespürt: Achtung!

Ich bemerkte sie nicht, bis ich ihr fast in die Arme lief und plötzlich vor ihr stand: Theres!

„Ende gut, alles gut!“, sagte Petrus.

17 Ein schönes Schlusswort, nur dass es nicht das Ende war, sondern der Anfang einer neuen langen Geschichte, einige kleine Umwege abgerechnet. Doch die Sache liegt schon Jahrzehnte zurück und war wiederum der Anfang einer anderen Geschichte, die ebenfalls schon seit Langem zu Ende ist.

„Ich weiss“, sagte Petrus, „Weite Wege, und Jahre der Wanderung. Wenn ich Zeit habe, bei

Regenwetter, schau ich mir die Sache an. Aber mir scheint, du hast noch eine andere Frage?!" Ja, hatte ich tatsächlich. Wie es denn weiterginge, in der Jetztzeit! Meine Zeit läuft langsam aus.

„Wir", sagte Petrus, „geben dazu prinzipiell keine Auskunft. Würde euch auch nicht gut tun! Verhiessen wir euch ein langes schönes Dasein, würdet ihr übermütig und lebtet drauf los, was das Zeug hält. Und würden wir verkünden, dass euch morgen schon der Lebensfaden abgeschnitten wird, wäre es Heulen und Zähneklappern. Nur wenige schauen ihem Ende mit Gelassenheit entgegen."

Es wäre unsere ureigene Aufgabe, sagte er, uns auf die essentiellen Fragen des Leben selber vorzubereiten. Wenn es ein Leben war mit nur Kreuzworträtseln, Talkshows und Sportnachrichten, dann schaue auch nur Entsprechendes dabei heraus. Aber es gibt sie, die Mitteilungen über die wahren Bedingungen des Lebens und das Darüberhinaus!

Sie sind unter anderem im Heiligen Buch der Menschheit, der Bibel, auch wenn sie weithin verachtet ist. So sehr verachtet, dass sie angefangen haben, sie in die Gendersprache zu übertragen. Sie mischen ihre eigene Agenda hinein und meinen, damit ungestraft davonzukommen.

Daneben aber gibt es tausende von Zeugnissen über die Realität der geistigen Welt. Man muss sie nur ernst nehmen. Werden sie verlacht als Phantasmen, wird man vielleicht eine halbe Ewigkeit im Dunkeln tappen, wenn man einmal selber dort ankommt.

„Im Grunde ist alles klar und einfach", sagte Sankt Petrus. „Der Übertritt in unsere Welt wird für Menschen wie eine Reise sein. Seid ihr vorbereitet? Da fahrt ihr in Urlaub und packt tausenderlei Kram in eure Koffer – und was habt ihr dabei, wenn es richtig zur Sache geht?"

Jemand hätte dazu erwidern können: „Aber man kann doch eh nichts mitnehmen ins – ähm – Jenseits ..."

„Richtig", würde Sankt Petrus ihm Bescheid geben, „aber gemeint ist etwas anderes: Gedanken, Gefühle und Willensimpulse, mit denen ihr euer vergangenes Leben gestaltet habt, die bis in unsere Welt reichen und nach denen ihr beurteilt werdet ..."

Da Petrus deftige Vergleiche liebte, brachte er das Beispiel von unbedarften Zeitgenossen, die auf eine Südpolexpedition wollen ohne sich um eine entsprechende Ausrüstung zu kümmern. Da stolpern sie los in Sandalen und Freizeithemd, haben nicht mal einen Kompass

dabei und keine Ohrenschützer, aber wundern
sich, dass sie sich verlaufen und anfangen zu
frieren. Ich konnte mir vorstellen, was gemeint
war. Ich hatte liebe Menschen begleitet. Alle
Alltagsgedanken hatten zurückbleiben müssen.
Es gab wichtigeres ...

Es war eine Vorübung für das, was auf
uns zukommt und was viele Menschen beschrieben haben als ein wunderbares Licht, in
das sie hinein gegangen waren und in dem sie
empfangen wurden von Wesen, für die es in
unserer Sprache keine Worte gibt. Sie hatten
eine neue Realität gesehen. Auch wenn sie
später zurück gesandt wurden. Sie haben die
Aufgabe mitbekommen, uns Kleingläubigen
die Botschaft zu bringen, dass auf der anderen
Seite etwas ist, eine Welt, unendlich viel grösser
und reicher als die, die wir kennen und einmal
hinter uns zurücklassen werden ...

„Ist es nicht so, Sankt Petrus?"

„Du wirst es ja dann selber sehen", sagte er.